AF314664

LES AVANTURES
DE LA
MADONA
ET DE
FRANÇOIS D'ASSISE
La Feuille Excud.

LES AVANTURES DE LA MADONA ET DE FRANÇOIS D'ASSISE.

Recueillies de plusieurs ouvrages des Docteurs Romains; Ecrites d'un stile récreatif; en même temps capable de faire voir le ridicule du Papisme sans aucune controverse.

Par Mr. RENOULT.

Cy-devant Predicateur en l'Eglise Romaine & à-present Ministre du St. Évangile.

Seconde Edition.

A AMSTERDAM,

Chez DANIEL de la FEUILLE, pres de la Bourse.

M. DCCI.

AVERTISSEMENT

COmme ce Livre n'a pas été pluſtôt imprimé que tous les exemplaires en ont été debités, je me ſuis crû obligé par cette ſeconde Edition d'avertir le Public, & ceux qui ſont curieux de ces ſortes de Matieres que je ferai imprimer dans peu de tems un Catalogue de pluſieurs Miracles de la Madona qui ne ſont pas moins propres de convaincre les plus incredules que ceux qu'on a déja raportez. On y joindra une liſte de quantité de reliques, & les lieux où on les peut voir, pour rendre ce traité plus complet.

C · P · I

CHAPITRE PREMIER.

La Conception & la naissance de la Madona.

OUS ne pretendons pas confondre la Madona des Romains avec cette bienheureuſe vierge que l'Evangile, ſous le nom de Marie, nous fait connoiſtre pour avoir eſté la Mere de Jeſus-Chriſt ſelon la chair. A Dieu ne plaiſe que nous tournions en ridicule, la plus heureuſe de toutes les creatures; Le ſein, le bienheureux ſein de celle qui a porté le ſauveur du monde, ſera toûjours pour nous une choſe ſacrée,

&

& si nous n'en faisons pas une Divinité, nous
nous donnerons bien garde d'en faire un sujet de mespris : Nous ne doutons pas que la
nouvelle Rome, n'ait intention de faire de
cette Sainte Vierge & de la *Madona* une seule
& mesme personne ; mais nous soutenons que
nous ne devons pas avoir plus d'égard à ses
intentions , qu'à celles des anciens payens.
Ceux-cy n'avoient ils pas intention d'adorer le Dieu des Cieux, en adorant Jupiter ?
Cependant les Oracles sacrez les ont traités
d'Idolatres, & tous les Prophetes & Apostres
leur ont reproché qu'ils ne connoissoient
point le vray Dieu.   En effet, c'estoit assez
de lire les Histoires, ou les avantures de toutes leurs divinitez , pour estre persuadez
qu'ils prenoient pour Dieu ce qui ne l'estoit
pas. Les commerces infames d'un Jupiter,
par exemple , ses metamorphoses, ses intri-
gues , ne donnoient ils pas suffisamment à
connoistre que les Payens se meprenoient
en l'adorant pour le vray Dieu ?

Il suffit donc aussi pour prouver que les
Romains se meprennent aujourd'huy , lorsqu'ils veulent faire de leur *Madona*, la Mere de Jesus ; il suffit, disje , de consulter les
histoires impertinentes , & les avantures gro-
tesques qu'ils nous debitent de cette *Madona*,
& l'on sera bientost convaincû que c'est une
Divinité aussi differente de la chaste Marie de
l'Evangile, que le Jupiter des Payens estoit dif-
ferent du Dieu des Israëlites. Nous mettons
donc une grande distinction entre la *Madona*
des

des Italiens, & la Marie des Chreſtiens ; La
Marie des Chreſtiens a conceu dans ſes cha-
ſtes flancs le ſauveur du monde par la vertu du St. Eſprit : L'eſcriture ne luy donne
point d'autres qualitez, que celles *de Marie,
de femme, de Mere de Jeſus.* L'Evangile ne
nous parle, ny de ſa naiſſance, ny de ſon e-
ducation, ny de ſa mort, mais ſeulement
de quelques circonſtances, qui accompagne-
rent l'incarnation du Flls de Dieu. Nous
ne doutons pas qu'elle ne ſoit à-preſent
couronnée de gloire dans le Ciel ; mais nous
ne liſons pas, que par le bonheur dont elle
joüit, elle ſoit devenüe une Deeſſe que tout
l'univers doive adorer. Les Apoſtres, &
tous les premiers Chreſtiens ne luy ont jamais fait fumer d'encens, ny pendant ſa vie,
ny apres ſa mort : elle nous a apris elle meſme qu'elle eſtoit la ſervante du Seigneur, elle
ne fit jamais de Miracles, & ſon fils ne prit
pas meſme en bonne part, qu'elle le preſſât d'en
faire aux nopces de Cana. Voila tout ce que nous
ſçavons d'elle. La *Modona* de la nouvelle Rome,
n'a aucun rapport avec cette ſainte fille, elles
ſont auſſi differentes l'une de l'autre que le
ſont le jour & la nuit, la verité & le menſonge.
Romains, ne trouvez donc pas mauvais que
nous prenions vôtre *Madona* pour une fauſſe Divinité que vous avez voulu accrediter ſous l'Auguſte nom de la Marie de l'Evangile : Nôtre
Marie n'eſt point vôtre *Madona* & vôtre *Madona* n'eſt point nôtre Marie. Que tout homme
raiſonnable en juge ; nous allons pour cet effet

A 3

expo-

expoſer aux yeux de tout l'univers, le honteux portrait que vous nous donnez de voſtre grande Deeſſe. Nous allons conſiderer tous les differens perſonnages que vous luy faites joüer, & ſur la Terre, & dans le Ciel ; aprés cela que chacun juge ſi ce n'eſt pas une Divinité imaginaire, qui n'a aucun raport avec nôtre Marie.

La Madona fut, dit-on, fille d'un nommé Joachim, qui eſtoit de la race Royale des Juifs, & d'une mere qui ſe nommoit Anne. Cette Anne eut deux ſœurs, la premiere fut nommée Marie, & la ſeconde Joba ; ces trois ſœurs eurent pour pere Natan le ſacrificateur. Ioachim fut fils de Barpanter homme qui ne fut jamais, non plus que Panter ſon Pere. Anne fut ſterile pendant pluſieurs années aprés ſon mariage, & parce qu'on ne ſçavoit d'où pouvoit venir la cauſe de cette ſterilité, la honte en tomba ſur ſon mary, auſſi bien que ſur elle ; C'eſt pourquoy un jour que le pauvre Joachim parut devant le Sacrificateur Iſachar, (homme qui n'a eſté qu'un Phantoſme, auſſibien que le Pere de Joachim,) mais quoy qu'il en ſoit, le fils de ce Phantoſme ſe preſentant devant un autre Phantoſme pour offrir quelque oblation, ſe vit rejetté & mepriſé comme un arbre ſec & maudit, quoyque la loy Judaïque n'eut jamais rejetté juſques alors les ſacrifices des hommes dont les femmes n'avoient point eu d'Enfans.

Le confus Ioachim affligé de l'affront que luy avoit fait le ſacrificateur, abandonna Anne, & ne voulut pas retourner à ſa maiſon. Anne privée de ſon cher Mary, pria inſtamment Dieu de

le

le luy rendre, & en mefme temps de luy ofter
fon opprobre. D'un autre cofté Joachim pe-
netré de douleur, s'en alla pleurer & gemir dans
le fond d'une caverne, fes larmes ne luy furent
pas inutiles, fes gemiffemens emeurent le Ciel:
Un Ange luy apparoift, & luy promet la naiffance d'une Creature exellente ; & afin de luy
donner un figne certain de l'Evenement, il luy
dit qu'il rencontreroit Anne fon époufe, à une
des portes de Jerufalem, qui s'appelloit *la porte doreé*. Anne en mefme temps prioit, & fon-
doit en larmes, & pour rendre fes prieres plus
efficaces elle penetra jufques dans le *faint des
faints*, comme pour eftre plus près de l'Eternel. N'allez pas icy vous recrier contre ce
fait, & nous dire que jamais femme n'entra
dans *le faint des faints*, qu'entre tous les hommes il n'y avoit que le fouverain facrificateur,
qui eut ce Privilege, encore ne l'avoit-il qu'une
fois l'an, fçavoir le jour de la fefte des grandes
propitiations. Quoy, penfez vous que les
Juifs n'euffent aucuns egards pour celle qui devoit eftre la mere de la Celebre & Augufte *Madona*? Ne me preffez pas davantage, je ne
fçais pas quel fut l'oracle qui leur revela les
confeils du Ciel, ce font icy des avantures my-
fterieufes & facrées, qu'il nefaut pas trop appro-
fondir. Un efprit defcendu des Cieux fe pre-
fente à Anne dans *le faint des faints*, & apres luy
avoir annoncé comme à fon Mary la naiffance
de la *Madona*, il luy ordonne d'aller rencon-
trer Joachim à la *porte dorée* ; Cet efprit fe nommoit Gabriel, & ce qu'il y a de furprenant c'eft

A 4

que

que, quand il reçut fa commiffion, il en con-
çut une joye incroyable, & prit cela pour une
faveur finguliere ; tout le Ciel l'en felicita & luy
fouhaitta un bon fuccés en fa negotiation. A
fon retour, les Anges ayans appris que cette
naiffance dont-il avoit porté la nouvelle aux
Mortels s'approchoit, ils fe mirent tous à
chanter, & à danfer de joye. Un des princi-
cipaux fujets de cette joye, & de cette danfe,
fut qu'ils apprirent que la conception de la *Madona* avoit efté immaculée, & exempté de la
tâche originelle, avec laquelle tous les enfans
des hommes font conçûs.

Il ne faut pas douter que la *Madona* n'ait eu ce
Privilege. Douze-cens ans fe font écoulez fans
qu'on en ait eu la moindre connoiffance ; Mais
il y a cinq ou fix-cens ans que cette premiere a-
vanture de la grande Déeffe fut revelée aux
Chanoines de Lyons, hommes divinement in-
fpirez, dont le temoignage par confequent eft
infaillible. Les Jacobins en doutent, mais ce
font de malheureux incredules, qui à cet égard
n'ont pas plus de foy que les Huguenots ; auffi
mere Sainte Eglife ne les en aime pas trop. En
effet avec quel front ces indevots ont ils feduit
Catherine de Sienne pour luy faire joüer le perfonnage de Sainte & de Propheteffe, afin que
fes revelations contre la conception immaculée
de la *Madona*, fiffent tomber les peuples dans
une effroyable herefie? Les revelations de Brigitte, la fainte des *Cordeliers*, ne devoient elles pas
prevaloir ? Falloit-il un temoignage plus authentique de cette conception tout divine? Mais
cette

cette avanture n'eſt pas de ſaiſon.

Les Moines qui ſont les depoſitaires des revelations divines, nous apprennent le jour que Joachim connut Anne, & engendra la *Madona*, comme s'ils en avoient été les teſmoins oculaires, ce fut, diſent-ils, le huitiéme de Decembre. Comme les Carmes eſtoient desja au monde, & à ce qu'ils diſent, il ſe peut faire que Joachim aprés la revelation de l'Ange, monta ſur le mont Carmel, où le Prophete Elie avoit fondé un Convent des Carmes & que la, leur decouvrant le miſtere, il put leur marquer le jour auquel Joachim connoitroit ſon épouſe, dans le deſſein de travailler à ce grand Ouvrage; & qu'il ſe recommanda à leurs prieres, & leur fit meſme celebrer quelque meſſe ſolemnelle pour obtenir du Ciel toutes ſortes de benedictons ſur cette couche immaculée, où la Reyne des Cieux & de la Terre, alloit recevoir l'eſtre. Quoy qu'il en ſoit la *Madona* vient au monde au bout de neuf mois, jour pour jour, à compter depuis le huitieſme Decembre juſqu'au huitieſme Septembre, ce qui fait voir que les meſſes des Carmes furent efficaces.

A cette naiſſance tout l'univres fut emeu, les Anges deſcendirent en foule des Cieux, & chanterent des hymnes, & des chanſons mélodieuſes à l'honneur de l'Eſpouſe naiſſante du Roy Eternel, & la ſainte fille qui eût de la raiſon auſſy-toſt que de la reſpiration, y trouva une grande conſolation, & goûta une joye extrême; mais ce qu'il y a de merveil-

leux, c'eſt que depuis ce jourlà, cette Melodie des eſprits Celeſtes, ſe renouvella tous
les ans, à meſme jour & à meſme heure. En
cela la mere a eſté bien plus honorée que
le fils, car les Anges chanterent ſeulement,
à la naiſſance de celuy que les Romains font
fils de la *Madona*, mais depuis ce temps la,
jamais ils n'ont renouvellé leurs cantiques
en pareil jour, auſſy nous verrons dans la
ſuitte, que le fils n'eſt qu'un zero en comparaiſon de la mere : mais quoy, direz vous,
Je vois un prodige à la naiſſance du fils que
je n'apperçois point à la naiſſance de la mere, où voit on paroiſtre une nouvelle eſtoille qui publie la naiſſance de celle cy, comme
l'on en vit paroiſtre une qui annonça la naiſſance de celuy la ? Pauvre Ignorant, qui e-
ſtes vous, qui nous faites icy cette objection ?
n'avez vous donc jamais leû les Revelations
de Theophile d'Antioche, qui raporte que le
propre jour de la naiſſance de la *Madona*, la
Lumiere du ſoleil fut doublée pendant le
jour, & que pendant la nuit, la lune reçut
une ſi grande augmentation de lumiere, qu'elle égala preſque l'éclat du ſoleil ; juſques
la, que cet eſpece de Buiſſon qui a coutume
d'offuſquer cette Planette, ne parut point
dans le temps de cette Nativité, mais autour du
globe de la lune parut comme une grande e-
ſtoille, d'une clarté & d'un feu extraordinaire ?
que Jugez vous de ce prodige ? y at-il quelque comparaiſon entre luy & cette eſtoille
qui fut veüe des ſages d'Orient, qui n'e-
ſtoit

ſtoit apparement qu'un metore volant dans les airs ? Si un Ange aporta du Ciel le nom du fils, un Ange apporta auſſi du meſme lieu le nom de la mere ; ſon premier nom fut *Marie* qui ſignifie en hebreu, *eſtoille de la mer* : n'allez pas me faire un procès ſur cette étymologie qui n'a jamais eſté connüe à aucun Juif, c'eſt un Miſtere qui a eſté revelé aux Legendaires, parce que la *Madona* de la nouvelle Rome devoit prendre la place de la Venus de l'ancienne Rome : les Poëtes & les Legendaires doivent toujours convenir entr'eux, or ils conviennent admirablement bien en cecy. Les Poëtes faiſoient de Venus une Deeſſe qui preſidoit ſur la Mer ; parce qu'elle avoit eſté engendrée de la ſemence de Celus, & de l'Eſcume de la Mer, & ce nom de Venus eſtoit celuy d'une eſtoille qui precedoit l'aurore ; de meſme les Legendarres font de celle qu'ils luy font ſucceder une Deeſſe de la mer, & une Eſtoille ; ſon nom ſignifie tout cela : mais pourſuivons l'hiſtoire de ſes avantures, & voyons ce que va devenir cette Deeſſe nouvellement née.

Cha-

✗✗✗✗✗✗✗✗✗✗✗✗✗✗✗✗✗✗✗✗✗✗✗✗

CHAPITRE DEUXIEME.

L'Education & le Mariage de la Madona.

ANne pour obtenir du Ciel la fecondité, avoit comme la mére de Samuel, voüé à Dieu le premier fruit qu'elle produiroit. Pour accomplir fon vœu, def-que la petite *Madona* eut atteint l'âge de trois ans, elle la prefenta aux Sacrificateurs, qui ne manquerent pas de la recevoir comme un pretieux depoft, que l'Eternel leur confioit. Ils luy donnerent un appartement, dans le lieu tres faint, où eftoit auparavant l'arche de l'Alliance, & où comme nous l'avons dit, le feul Souverain facrificateur avoit la liberté d'entrer une fois l'an.

Qui fut le facrificateur, direz vous qui viola ainfi la loy de Dieu? quoy il ofa mettre dans le lieu le plus augufte du Temple, un lit, une Gouvernante, un enfant, avec tout l'équipage neceffaire pour l'elever? quoy il ne craignit pas que le Saint lieu ne fut fouillé par les ordures qui font infeparables des enfans, & de celles qui font naturelles au fexe? Le fouverain facrificateur paffa par deffus toutes ces confiderations, parce que

par

par bonheur , il fe trouva que celuy la eſtant
Prophete connut tout le Myſtere , & qu'ainſi il receut l'enfant ſans aucun ſcrupule.

Cet enfant de trois ans entre donc dans le
ſaint des Saints , accompagné d'une troupe
de petittes vierges qui portoient chacune un
cierge à la main , & la elle fut nourie l'eſpace
de onze ans, par les Anges qui deſcendoient
du Ciel pour luy apporter à manger ; apres
cela , on parla de la marier , & on la Maria
effectivement , mais par une avanture extraordinaire & une des plus divertiſſantes que
nous ayons à raconter.

Le Souverain ſacrificateur commanda à
toutes les vierges renfermées dans le temple , d'aller chez leurs parens prendre chacune un mary, il n'y en euſt aucune qui n'o-
beiſt avec un extrême plaiſir, Marie fût la
ſeulle qui voulut preferer la ſolitude à la liberté , & la compagnie des Anges à celle d'un
eſpoux , d'ailleurs elle allegua pour raiſon
que ſes parens l'ayant vouée à Dieu avant ſa
naiſſance, elle eſtoit indiſpenſablement obli-
gée de conſerver cherement le pretieux de-
poſt de ſa virginité , ſans jamais penſer au mariage. Le Sacrificateur ſurpris d'une telle reſolution , fit aſſembler les Anciens du Peuple pour les conſulter ſur une affaire auſſi délicate que celle la , eſtant choſe rare en Iſrael qu'on permit à une fille de preferer le celibat au mariage ; la reſolution
des Anciens fut qu'on conſulteroit extraordi-
nairement les Oracles du Ciel pour ſçavoir

q uel

quel party il falloit prendre en cette con-
jonĉture : l'oracle confulté repondit ;
que tous ceux de la lignée de David, qui font
en eftat de penfer au Mariage, apportent cha-
cun une verge à l'autel; celuy dont la verge, felon
la Prophetie d'Efaye, fleurira & fur laquelle
le Saint efprit fe repofera en forme de colombe fe-
ra l'homme que le ciel d'eftine à la Madona
pour epoux. Auffi-toft une foule de Jeunes a-
mans, avec une verge à la main, entrent dans
le temple, comme il n'y en avoit aucun, qui
ne fut charmé de la beauté de la chafte *Ma-*
dona, qui n'eftoit alors âgée que de qua-
torze ans, il n'y en avoit pas un qui ne
pouffat fecrétement d'ardens foupirs vers le
Ciel & ne fit mille vœux pour voir fa verge
en fleurs, & le St. Efprit defcendre fur elle.

Par je ne fçai quelle aventure il fe rencon-
tra parmy les Jeunes amoureux, un vieux
garçon qui jufqu'alors n'avoit jamais penfé
au mariage, mais les charmes & les Jeunes
ans de la *Madona,* ayant allumé quelque
étincelle d'amour dans fon cœur, il s'avifa
de fe mefler dans la foulle avec une verge
comme les autres ; Cependant fa barbe grife
& fes cheveux blancs le rendant tout honteux, de fe voir au rang de ceux qui afpi-
roient à poffeder une fi jeune & fi aimable pucelle, il cacha fa verge fous fa robbe, & n'eut
pas la hardieffe de la porter fur l'autel, de
peur de donner à rire à l'affemblée. Il refta
donc la, comme fpeĉtateur, & non pas comme

me amant, mais le bon homme ne fut pas longtemps fans eftre fecouru dans fon embar-ras. Il n'y eut aucune des autres verges qui fe chargeaft de fleurs ; figne funefte, qui annonçant à tous les Jeunes gens qu'ils per-doient pour jamais l'aimable pucelle, les fit fondre en larmes, & leur perça le cœur d'un coup mortel.

Le fouverain Sacrificateur, crut que le Ciel ne faifoit pas de miracle, à caufe du mau-vais eftat ou pouvoit eftre fa confcience. C'eft pourquoy il fe jetta la face contre terre, examina fa confcience , & fe confeffa, aprés quoy il luy fut revelé qu'il commandat à Jofeph d'aporter fa verge avec les autres, & qu'alors l'Eternel ac-compliroit fes promeffes.

JOSEPH apporte fa verge, elle fleurit, le St. Efprit fe repofe fur elle, la pucelle luy eft donnée, il la reçoit, il l'embraffe, il l'epou-fe, & les jeunes & vigoureux amans n'en eurent que la veüe. Le bon vieillard par je ne fçai quel caprice ne continua pas longtemps fes ca-reffes ; il s'en retourna chez luy, & remit fon efpoufe entre les mains de fes Parens, avec fept vierges fpeftatrices du Miracle, que le fa-crificateur luy donna pour eftre fes compag-nes, ou fes filles fuivantes. Cette fepa-ration ne dura pas longtemps, trois mois aprés un Ange vint faluer la nouvelle mariée, luy demanda, & obtint fon confentement pour l'incarnation du verbe, de forte qu'auffi-toft elle conceut par l'operation du St. Efprit & enfan-ta, à quinze ans.

Nous

Nous nous taifons icy pour ne pas intereffer nos myfteres dans le recit de ces fables impertinentes. Chacun fçait ce que l'Evangile nous revele, à cet égard, touchant les foupçons du vray Jofeph, qui furent diffipez par une revelation celefte ; ce qui nous afflige, c'eft que les Legendaires attribuent en cet endroit, à leur fauffe Marie, ce que noftre Evangile attribuë à la veritable ; mais enfin comme la practique de la nouvelle Rome eft par tout femblable à celle de l'ancienne, pourquoy en cette occafion feroit elle differente ? L'Ancienne Rome n'attribuoit elle pas fouvent les ouvrages du vray Dieu à fon Jupiter ? en confondant les noms, ne confondoit elle pas auffi les perfonnes ? c'eft ainfi qu'en ufe la nouvelle Rome. Sous ombre que fa Madona porte le nom de Marie, elle la confond avec la mere de Jefus qui portoit le mefme nom empruntant les veritez de nôtre Evangile pour mieux affaifonner fes chimeres, elle fait defcendre un Ange vers la Madona, parce qu'il eft dit qu'il en defcendit un vers Marie ; elle la fait concevoir, enfanter & nourrir le Fils de Dieu, parceque l'Efcriture dit tout cela de Marie, mais enfin, que chacun examine de fang froid les avantures de la Madona que nous venons de raporter aprés les Legendaires, & que de là il prononce fi nous avons tort ou raifon de pretendre que la Madona des Romains & la Marie des Chrétiens font deux perfonnes differentes : qu'il juge, fi l'une n'eft pas une chimere & l'autre une realité, mais pourfuivons, ce que nous allons

lons dire fortifiera de plus en plus nos préten-
tions.

CHAPITRE TROISIEME.

*La mort, la resurrection, l'Assomp-
tion de la Madona.*

NOus passons sur toutes les petites a-
vantures de la vie de cette Déesse Romaine pour arriver promptement à sa
mort & à son assomption dans les Cieux ; l'Histoire en est charmante, & il n'y a guere de Ro-
man qui en renferme de plus divertissante.

La Madona ayant vécu selon quelques uns
soixante & douze ans ; & selon d'autres soixante,
elle se mit à fondre en larmes de ce qu'elle ne
recevoit pas de son fils toutes les consolations
qu'elle auroit souhaité, & elle pria ardem-
ment que la trame de ses jours fut coupée, afin
qu'elle peut aller prendre possession de la gloire
qu'elle avoit meritée.   Pour la relever de son
abbatement un Ange lui apparoit aussi éclatant
que le soleil & lui fait ce Compliment en latin.
Ave Maria gratiâ plena &c. Après quoi il lui
expliqua en François, & dit, *Je te salue Marie
pleine de grace, voici je t'apporte la benediction*

B   *de*

*de celui qui a envoyé le salut à Jacob : regarde,
voila un rameau, voila ô Déeſſe, une palme
celeſte que j'ai ordre de te preſenter, dans trois
jours tu payeras à la nature le tribut qui lui eſt
deu de tous les mortels. Avant que d'expirer
tu recommenderas expreſſément que l'on porte
cette Palme devant ta biere, lorſqu'on portera
ton corps au tombeau: prepare toi à la mort; ton fils
viendra recevoir ton ame.*

La Madona réjoüie de voir l'heure de ſon départ approcher, reçeut la Palme avec un raviſ-
ſement qui ne s'exprime pas, mais par un certain eſprit de Curioſité naturel à ſon ſexe elle ne
put s'empêcher de demander à celui qui lui
annonçoit cette agreable nouvelle quel étoit
ſon nom, *Je te demande une grace, O Meſſager
Celeſte, lui dit-elle, daignes me reveler ton nom.*
Elle eut la mortification de ne pas voir ſa
curioſité ſatisfaite, Pourquoi, lui répondit
l'Ange, *veux tu ſçavoir mon nom qui eſt grand &
merveilleux ?* ſa curioſité payée de cette réponſe ne lui impoſa pas le ſilence quoi qu'il l'a
fit rougir; *que le Ciel dit-elle, m'accorde donc
cette autre faveur que je lui demande tres inſtamment ; avant que j'éxpire je ſerois ravie de
pouvoir embraſſer mes chers enfans les Apôtres
de mon fils, & d'arroſer leurs viſages de mes
larmes maternelles, Je mourrai plus tranquille
ſi je leur laiſſe mon corps en dépoſt ; afin qu'ils*

lui

lui rendent de la maniere la plus convenable les
devoirs de la sepulture, Je conjure donc le
Ciel de les assembler tous autour de moi avant
que mon ame s'envole : à cette premiere grace j'en joindrai une seconde, que je ne demande pas avec moins de ferveur, les Puissances
de l'Enfer m'ont toujours allarmée, Il faut parler sincerement, je crains les demons, je te prie que
ces genies affreux ne se presentent point à mes
yeux, lors qu'un sommeil Mortel viendra les
fermer, & que mon ame sortant de mon Corps ne
rencontre point au terme de sa Carriere ces formes hideuses, qu'elle apprehende. l'Ange in-
terrompant ce discours lui dit, ô Dame
tes voeux sont exaucez, le Ciel ne te peut rien
refuser, celui qui transporta par un cheveu un
Prophete de Judée en Babylone, transportera
par sa puissance jusqu'aux portes de ta maison,
les Apôtres quoique repandus dans toutes les parties de l'univers, ils te verront rendre l'ame
& ils te feront des obseques magnifiques. Pour
ce qui est des demons, tu n'as rien à craindre
de leur part ; tu leur as brisé la tête, ils ge-
missent sous le poids des chaînes, dont tu les
as chargez ; l'Enfer tremble à ton nom, tu demandes une grace pour Satan, & non pas
pour toi. Paroître en ta presence, c'est pour

lui

lui un double Enfer : tes seuls regards sont de nouvelles flammes qui le devorent ; mais enfin puisque sa presence fait troubler ton ame, on va redoubler ses chaînes, & seeller l'abyme, tu mourras en paix, aucun spectre monstrüeux ne se presentera devant toi.

Il dit, & aussitôt il remonta dans les Cieux avec le même éclat, qu'il étoit descendu : la Palme après son départ devint d'une couleur verdâtre, & se chargea de feuilles dorées, dont chacune rendit autant d'éclat que l'aurore qui précede le lever du soleil ; la Déesse se met au lit, une douce langueur la saisit, la mort s'aproche pas à pas, & comme d'une maniere insensible, & non pas avec ce terrible appareil & ces violens efforts qu'elle fait voir & sentir au reste des Mortels, mais détournons pour un moment nos yeux de cette divine Moribonde & voions les miracles que Dieu va faire pour assembler les Apôtres, afin qu'elle leur fasse ses derniers adieux. Jean prêchoit pourlors à Ephese, & à peine eut-il atteint le milieu de son sermon, qu'une nüée blanche l'environnant, le déroba aux yeux de ses auditeurs, & le porta jusqu'a la porte de la maison de la malade ; Il y entre, il approche de la rüelle du lit, Marie le voit & pleurant de ioye lui adresse ces Paroles : ah ! *Jean mon fils souvien toi aujourd'hui des dernieres Paroles de ton maître par lequelles il te recommenda d'avoir*

soin

foin de moi comme de ta mére; encore quelques heures & tu vas me perdre pour ce monde, Je te recommende le corps qui a porté le
fruit de vie, les Juifs ont formé entr'eux une
confpiration contre moi, ils ne font qu'attendre
que mon ame s'envole, pour s'emparer de ma
chair, comme d'une proye dont ils font affa-
més. Nous avons crucifié le fils, difent-ils,
& nous brûlerons le cadaure de la mére. Ce
Corps eft donc le dépoft que je te confie, pre-
ferve le de la fureur Judaique, & le portant au fepulchre n'oublie pas de faire porter devant lui cette Palme qu'un Ange m'a apportée du
Ciel.

O Déeffe, s'écria Jean, faffe le Ciel que les
autres Apôtres recoivent tes adieux & ta benediction afin que tous enfemble nous puiffions
refifter aux efforts de tes Ennemis, te faire des
obfeques dignes de tes merites, & celebrer pai-
fiblement tes loüanges. Le fouhait de Jean fut
auffi efficace, que le font tous les jours les
Paroles des Prêtres, dont la feule Prononcia-
tion fait d'une oublie un Dieu. A peine eut-il
achevé de parler qu'il vit tomber du milieu de
plufieurs nuées tous fes fréres à la porte de la
Madona. Ils entrent, & chacun d'eux eft é-
galement étonné de voir tous les autres. Jean
leur explique tout le myftere, & après le falut
reçu & rendu, & les Complimens faits de part

& d'autre, on allume la chandelle benite, on benit de l'eau, on fait l'asperges, on chasse le Diable, qui n'avoit garde de rester là , on prie, on pleure, on gemit. Sur la minuit, un vent doux & agreable ouvre les fenêtres, une odeur celeste parfume toute la maison, une grande lumiere l'eclaire, & la rend semblable au Paradis, & tout à coup l'on voit entrer le Dieu des Cieux, accompagné des Anges, des Patriarches des Prophetes, des Martirs, des Confesseurs, & des vierges: d'abord cette Celebre compagnie, commença à donner à la Moribonde le divertissement d'un agréable concert; chacun prit sa partie, la mesure fut batue, la melodie fut entendue de tous les assistans avec tant de plaisir, qu'il leur sembla être dans le Ciel & non pas sur la terre.

Le Concert fini, l'Eternel s'approchant de la malade lui dit. *Viens mon Eleüe, vien ma mignone, & je te donnerai place en mon siége; car j'ai convoité ta beauté, tes traits m'ont charmé, ta candeur m'a ravi.* La Madona tombant en extase ne donna que ces deux paroles pour réponse. *Seigneur, mon coëur est à toi:* après cela les Anges, & tous ceux de leur compagnie entonnerent un second motet dont on a retenu toutes les paroles, pour être un perpetuel memorial de cette celebre avanture de la Madona. Marie chanta aussi bien que son fils; les Anges chanterent ce premier verset *voici celle qui ne connut jamais l'homme, ni de péché, elle receura sa recompense des saintes ames.* Le second verset fut chanté par la Moribonde en ces termes, *Toutes géné-*

nérations me diront bien-heureuse, car le tout-puissant m'a fait de grandes choses & son nom est saint.
Enfin le maître chante, sçavoir Dieu lui même, chanta aussi son verset s'adressant à la malade avec ce compliment: *Vien mon epouse,
vien du liban car tu seras couronnée;* à ces mots la
Madona répond, & termine ainsi le concert:
*je pars, car il est écrit de moi au commencement
du livre que je fasse ô Dieu ta volonté, car
mon esprit se rejouit en Dieu qui est mon sauveur*
ces mots furent les derniers qu'elle prononça; le
commencement du jour, fut la fin de sa vie;
son ame s'envola entre les mains de celui qui
venoit de faire le personnage de maître chantre.
Portez, dit-il aux Apôtres, *le corps dans la
vallée de Josaphat, le sepulchre que le Ciel lui
destine est déja fait, il n'est point de main
d'homme, c'est un monument nouveau de la
façon des Anges, vous y renfermerez ce saint
corps & l'y veillerez pendant trois jours, après
lequels je retournerai vers vous.*

Il dit, & aussi tôt tous les chœurs des Anges
& des saints qui l'accompagnoient, entonnent
de nouveaux concerts, & s'élévant vers les
Cieux autour de celui qui portoit l'ame entre
ses mains, ils dérobent à la terre un Thresor
qu'elle étoit indigne de posseder; ce spectacle
exposé aux yeux d'une foule de peuples, ravit
tous les esprits en admiration; on n'entendit
de toutes parts que musique; le Ciel répondit à la terre, & la terre au Ciel; *qui est celle là*

qui monte du desert pleine de delices, entre les bras de son bien-aimé, chantôit-on sur la terre, *cest la plus-belle des filles de Jerusalem,* répondoit-on du Ciel, *si maintenant vous la voiez élévée dans l'Olympe ou elle va être couronnée de gloire & assise sur un trône éclatant à la droite du Roi des Rois,* aprenez, *que c'est parce qu'elle a infiniment aimé.*

Alors les hommes furent éclaircis sur un sujet important sur lequel tous les Philosophes n'avoient débité que de foibles conjectures. Nul d'entr'eux n'avoit douté que l'homme n'eut une ame, mais aucun d'eux n'avoit osé assûrer positivement de quelle couleur elle étoit ; mais quiconque fut témoin de l'assomption de la madona en pût parler dans la suite comme l'aiant veüe de ses propres yeux ; l'ame de cette Déeße fut veüe & même en sa couleur naturelle, qu'elle étoit cette couleur? elle étoit, disent les sacrez legendaires, si blanche, que nulle langue ne le peut exprimer; retenons bien cela, & ne l'oublions jamais. Graces à cette belle avanture, nous voila plus sçavans que tous les Philosophes, nos ames sont blanches, elles ne sont ni rouges ni verdes, ni bleües, ni violettes ni noires, elles sont blanches d'une extrême blancheur mais revenons à nôtre sujet, la Madona vient de mourir, on l'ensevelit, on va l'enterrer, soyons du convoi.

Trois Pucelles lavent le corps à tâtons, étant obligées dese couvrir les yeux d'un voile ne pou-

vans fupporter la vivacité des rayons qui par-
toient de chaque partie de ce pretieux cadavre;
mais voici ce qui penfa les faire tomber mor-
tes de peur; ces pauvres filles s'étoient jufques alors mifes en tête, qu'un mort ne pouvoit plus parler, & au moment qu'elles y pen-
foient le moins, le corps mort qu'elles lavoient
prononça ces paroles, *Je te rens graces, fei-
gneur, de ce que je fuis ton ouvrage, & que j'ai gar-
dé ton dépoft.* Enfin on l'enfevelit & on parle
de la porter en terre, mais quelques difficultez
étant furvenües au fùjet du ceremonial, la ceremonie fut un peu retardée. Pierre & paul furent chargez du corps, Jean porta la palme devant la biere, & les autres Apôtres la fuivirent;
vers le milieu de la marche on voit le Ciel s'ouvrir, le Roi de gloire en fortir environné d'une
legion d'Anges tous couverts d'une nuée & venir joindre leurs voix à celles du college Apo-
ftolique formant par cet accord un admirable
concert. Pierre porta auffi dans cette ceremonie le bâton de grand chantre, car ce fut lui
qui commença la mufique, les voix des Anges
& des hommes étant ainfi unies, formerent
une fi douce, mais en même tems une fi hau-
te harmonie qu'elle fut entendue jufqu'aux ex-
tremités de la terre, l'Orient & l'Occident, le
feptentrion & le Midi l'entendirent également.

Les Juifs à ce fpectacle au lieu de fe convertir
& de faire hommage à la Déeffe, jugerent que
l'occafion étoit la plus belle du monde pour fe
défaire tout à la fois de tous les Apôtres qu'ils

B 5

baifhaiſſoient mortellement; l'on vit rouler dans leurs têtes des yeux furieux, & pleins de rage. Je-ruſalem murmure, Sion ſe courrouce, toute la Judée ſe mutine, de grandes troupes s'aſſem-blent, tous courent aux armes, & jurent la perte de tout le convoi; le ſouverain ſacrificateur lui même ſe mettant à la tête d'une populace in-docile & acharnée ſort de la ville en furie, & ne penſe à rien moins qu'a faire un maſſacre, mais arrête crüel? penſes-tu que les divinitez ſoient vulnerables? le Dieu des Dieux eſt de fête, les Apôtres ont déja leurs trônes dans les Cieux. Rome en fera auſſi des Dieux, elle leur erigera des autels, elle leur fera fumer de l'en-cens. Prens donc garde quel eſt l'execrable projet que tu médites, armer ſon bras contre ces divinitez, c'eſt s'armer contre ſoi même.

Rien ne l'arrête, rien ne l'epouvante, il fend la preſſe, il court à la biere, il l'attaque, il la renverſe; mais auſſi il n'eſt pas longtems ſans recevoir ſon ſalaire: le Ciel venge la Ma-dona; les deux bras du Profane ſe ſéchent & ſe détachant des bras depuis le coude ils de-meurent pendus aux deux côtez du lit, ſur le-quel on portoit le corps, & le reſte de la mul-titude ennemie voulant le ſecourir eſt frappé d'aveuglement. Le Pontiſe hurle d'une manie-re epouvantable pour la peſte de ſes mains, & pour la douleur qu'il ſouffre. Pierre lui de-clare qu'il n'y a qu'un remede qui puiſſe le guerir, qui eſt de baiſer humblement la biere qu'il a profanée, & d'adorer le fils de celle dont il a eu deſſein de reduire eu cendres le cadavre;

il le fait & il eſt gueri, il ne reſte plus qu'a
rendre la veüe à ceux de ſa ſuite, mais le même Apôtre donne au Pontife gueri, le moyen
de rendre la veüe à tous ſes gens ; la Palme qui
avoit été apportée du Ciel ſe charge de fruits,
Pierre en arrache une datte, qu'il donne au
ſacrificateur, cette datte entre ſes mains fut
un baume pretieux dont il oignit les aveugles
& les fit voir.

Après toutes ces miraculeuſes avantures le
Convoi arrive enfin à la vallée de Joſaphat, ou
l'on trouve un ſepulchre nouveau, taillé dans
un roc tout ſemblable à celui de Jeſus Chriſt,
là on poſe le Corps de la *Madona*, & pendant
trois jours on le veilla en priant : après les trois
jours le Roi des Rois deſcend des Cieux, environné ſelon ſa coûtume d'une multitude d'Anges, il ſalüe fort civilement ſes Apôtres, &
leur dit, *paix vous ſoit*, & ils lui répondirent,
*Gloire ſoit avec toi qui ſeul fais de grandes mer-
veilles* après ces complimens, Jeſus Chriſt
les conſulte ſur une affaire importante que
*vous ſemble t-il de l'honneur & de la gloire que
je dois rendre à ma mére ? ſeigneur*, Répondent-
ils, *L'auis de tes ſeruiteurs eſt que comme tu
as vaincu la mort, & regnes maintenant
aux ſiécles des ſiécles, Pareillement tu reſſuſcites
ta Mére & la faſſes aſſeoir pour jamais à ta
droite ſur un trône éclatant.* Jeſus Chriſt
leur ſçait bon gré de leur avis, il le ſuivit, & Mi-
chel à qui il avoit donné l'ame de la *Madona* en
dépoſt, la lui remet en main, avec cette amç

il s'approche du sepulchre & parle ainsi au corps mort ; *Leve toi ma bien aimée, ma colombe, tabernacle de gloire ; vaiſſeau de vie, temple celeſte, puiſque ton ame ne fut jamais tâchée de péché ni de l'attouchement d'aucun homme, pourquoi ſouffrirois-tu la corruption dans ton tombeau ?* à ces mots l'ame ſortant des mains de Jeſus, s'elance dans le ſepulchre avec vehemence elle rentre dans le cadaure, & auſſi tôt Marie pleine de vie ſort du tombeau plus lumineuſe que le ſoleil, & ſans s'arrêter à lier converſation avec les Apôtres, elle prend ſon vol vers le Ciel ſoutenüe des Anges qui lui prétent leurs aîles. Thomas naturellement Incredule, & qui pour quelques neceſſitez naturelles s'étoit eloigné du ſepulchre dans le tems que la Déeſſe reſſuſcita ne voulut pas croire la choſe à ſon retour ; mais il en fut bien-tôt perſuadé, quand il éléva les yeux vers le Ciel, & qu'il vit *la Madona* dans un char de triomphe, préte à faire ſon entrée publique dans l'Empirée, & lui laiſſant amoureuſement tomber ſa ceinture, pour lui être un monument éternel de ſa reſurrection & de ſon exaltation dans les Cieux. L'Auteur de la legende dorée, laiſſe à nôtre liberté de croire, ou de ne pas croire cette derniere avanture, mais pour ce qui eſt des précedentes, ils nous les débitent comme canoniqnes ; ainſi Anatheme à qui ne les croira pas ; quiconque donc voudra s'jnſtruire à fond & par l'original de toutes les avantures de la conception, de la naiſſance, de l'Education, de la mort, & de la

reſur-

reſurrection de la *Madona*, il peut lire la legende que nous venons de citer „ celle d'où nous avons tiré tous ces faits burleſques fut imprimée à Paris l'an mil cinq cens quarante trois, & ſe vendoit en la grande ſalle du Palais au premier pilier par Charles l'Angelier. Il y a d'autant plus de plaiſir à lire ce liure que le langage étant en vieux gaulois plein de mots à faire rire, il ne divertit pas moins le lecteur, que font les avantures dont il donne la connoiſſance ; le vieux gaulois n'eſt qu'une traduction, l'original eſt en latin. Ceux qui ſçavent les deux langues peuvent choiſir s'ils ont deſſein de verifier ce que nous avons raporté, ſi les ſçavans veulent avoir le plaiſir de lire en pluſieurs Auteurs ces avantures, *Baronius leur fera la Genealogie de la *Madona* & de pluſieurs autres choſes.

Jean de Damas leur donnera encore de plus grandes lumieres. l. 4. de orthod. fide c. 15. Pelbart de.

Stellarium l. 5. part leur fera l'hiſtoire de la preſence des Anges, de leur muſique, de la double lumiere du ſoleil, & de la lune & de toutes les autres circonſtances de ſa naiſſance. Nicephore l. 1. c. 7. & Damaſcene l. 4. c. 15. de orthod. fide, & orat. 1a de nat. virginis, leur feront l'hiſtoire de ſon education dans le ſaint des ſaints, & de ſon mariage. Gregoire de Nyſſe in natal chriſti tom. 2. n'eſt pas moins fécond ſur ces matieres, Enfin Pelbart qui vivoit l'an 1471. a fait toute l'hiſtoire de l'aſſomption telle que nous l'avons raportée, & il la
dé

---

dédié au Pape fixte 4e; ainfi il ne faut pas s'ima-
giner que nous en impofions à Rome; & que
nous ne raportions des faits que fur la foy de
quelque miferable legendaire qu'elle condam-
ne elle même: ce que nous avons raconté eft la
croyance univerfelle de la nouvelle Rome; ces
avantures font le fujet & la matiere des Panegiri-
ques que font les Prédicateurs à la loüange de la
Madona; nous les avons oüis de nos propres o-
reilles, & nous avons eu le malheur de les imi-
ter, dans le tems que Dieu nous laiffoit cheminer
dans les ténébres de l'ignorance : il n'y a encore que fept ans qu'un jour de l'affomption pro-
che la ville de Bernay en Normandie nous fî-
mes dans notre fermon le recit de toutes les cir-
conftances de ce prétendu myftere, & ce fût ce
qui plût davantage. Je n'ai jamais veu de Prédicateur en ufer autrement, s'il le faifoit, on
crieroit à l'héretique ; en un mot le Papifme en
général croit de fi bonne foi toutes ces avantures de la *Madona*, que nous défions aucun
Papifte de faire paroître le moindre doute fur
cela en Italie, en Efpagne, & en Portugal, fans
courir rifque d'être mis à l'inquifition. Je vou-
drois un peu voir en ces païs là l'incredule
launoy, & fes difciples débiter de vive voix ce
qu'il a écrit en france pour aneantir la crean-
ce de l'affomption contre Baronius, & toute
fon Eglife qui regarde la chofe comme un article de foi; quoi qu'il en foit nous ne fommes pas encore à la fin, la *Madona* eft dans le
Ciel, mais elle n'a pas renoncé à tout commerce avec la terre, les avantures qui ont fui-

vi son assomption, ne sont pas moins admirables que celles qui l'ont précedée, nous allons en faire une histoire abregée.

CHAPITRE QUATRIEME.

L'Elevation de la Madona au dessus de Dieu.

LA *Madona* fut plus de quatre cens ans dans le Ciel, sans faire parler d'elle sur la terre ; pendant ce tems là, elle n'eut ni temples ni autels, ni sacrifices ni prieres ni Adorateurs, aussi ne fit-elle aucun miracle, pendant ce long intervalle : dans le cinquiéme siécle il s'éléva une secte de femmes qui s'aviserent de l'adorer, pour cet effet elles lui consacrerent une fête solemnelle dans laquelle, elles lui offroient des Gâteaux qu'elles appelloient *Collyridia* d'où leur secte fut nommée *Collyridienne* mais St. Epiphane s'opposa si fortement au progrés de ce nouveau culte, qu'il ne dura pas longtems, ou du moins l'on peut dire que la *Madona* ne vit alors au rang de ses adorateurs que des femmelettes ignorantes.

Mais bien-tôt après, sçavoir environ l'an 428 un incident tira la *Madona* de l'espece d'obscurité, ou elle étoit parmi les hommes qui

de

* Basnage hist Eccles tom. 2. p. 1210.

depuis son assomption sembloient l'avoir oubliée; cet incident fit tant parler d'elle, qu'il l'a fit insensiblement élever au dessus de tous les saints & de Dieu même.

Nestorius Evêque de Constantinople avoit amené avec lui d'Antioche un Prêtre nommé Anastaze dont il faisoit beaucoup de cas ; le prêtre préchant un jour à Constantinople , dit nettement que personne ne devoit appeller Marie , Mére de Dieu ; parceque Marie étant une Creature , ne pouvoit être mére du Créateur; une partie du Clergé & du Peuple accoutumés à nommer J.C Dieu, s'émut à ces paroles ; Jesus est Dieu , dit-on , Marie est mére de Jesus donc elle est mére de Dieu : les differens partis s'échaufferent, Nestorius apuya son Prédicateur ; un Evêque de ses amis nommé Dorothée prononça Anatheme contre ceux qui diroient que Marie étoit mére de Dieu , enfin le Christianisme étant tout en feu , on ne trouva pas de meilleur moyen pour l'éteindre que d'assembler un Concile.   Ephese fut le lieu où il se tint, Il s'y trouva deux cens soixante & six Evêques , & dans une aprés-dînée Nestorius fut condamné, les extraits de ses Ouvrages lus, examinez, censurez, la sentence de condamnation prononcée, écrite, signée.

Le Pauvre Nestorius fut un insigne Martyr que l'on sacrifia à la Déesse, on le traitta de Blasphemateur pour ne lui avoir pas donné le titre de mére de Dieu, & on le priva de la dignité Episcopale , de la communion & de l'assemblée des Prêtres; voila la *Madona*, la

premiere victime, que l'on t'a sacrifiée, & voila aussi les premieres bouches qui t'ont divinisée.

Pourquoi me dira t-on, mettez vous au rang
des avantures de la *Madona*, les revolutions
qui donnerent à Marie cet Auguste tître? Ne
lui étoit-il pas deu, & le Zele du Concile qui
le lui donna n'est-il pas loüable? Pouvez vous
dans cette occasion faire deux personnes de la
Marie des Chrétiens, & de la *Madona* des Romains? Oui sans doute, j'en fais deux personnes, & pour le prouver, je me sers des propres
principes de la nouvelle Rome; Dans les vrais
& Saints Conciles, l'Esprit de Dieu y préside,
il ne s'y definit rien qui ne tende à glorifier Dieu,
& à humilier la Creature, rien qui ne porte les
hommes à la vraie connoissance de Dieu, sans
donner aucun Achoppement sur cela aux fideles.
or ce Concile donna à une creature une qualité
qui sonne mal, cette qualité par sa seule pronon-
ciation, éléve la creature & la divinise, au lieu
qu'elle abaisse le Createur & en fait une creature; si Marie est mére de Dieu, elle est éternelle,
toute-puissante, si Dieu a une mére; Il n'est
plus éternel, incréé ni tout-puissant, il ne sub-
siste plus par lui même, il tient l'être d'autrui,
il faut qu'il soit soumis, il faut qu'il obeisse, Voila
justement le Paganisme tout pur, qui adoroit une
Mére des Dieux. Or la vraie Marie des Chrétiens n'est point appellée dans l'Euangile, Mére
de Dieu, mais simplement Mére de Jesus. Dieu
non plus n'est point dit être son fils, mais le tout-
puissant qui lui a fait de grandes choses, son Seig-

C

neur

neur & son sauveur.   Que Jesus soit Dieu &
homme, il n'importe, Marie n'est point la mére
de sa nature divine, & par consequent elle n'est
point mére de Dieu.

Je suis surpris de voir tant de Chrétiens sa-
vans & éclairez suivre les traces du Concile d'E-
phese, & donner sans scrupule à la vraie Marie, la qualité de Mére de Dieu, sans s'apper-
cevoir du scandale qu'ils donnent aux Juifs, &
aux Mahometans qui ont de l'éternité & de l'in-
dependance de Dieu les idées qu'il faut avoir.

Après tout nous ne souscrirons jamais aux
decisions du Concile d'Ephese; ce ne fut point
l'Esprit de Dieu, qui y présida, mais un mauvais
genie partisan de Cabale & de faction, qui pour
faire tomber le Christianisme dans la plus prodigieuse Idolatrie qui fut jamais, fit donner à une
creature un nom, qui ne lui appartenoit pas, &
qui dans la suite, en a fait une Divinité que les
hommes ont effectivement élévée au dessus du
vrai Dieu.   Si ce Concile ne fut pas inspiré de
l'Esprit de Dieu, s'il ne parla pas selon l'Evangile, Laissons à la *Madona* de la nouvelle Rome à se glorifier de ses Oracles; la voila donc
declarée Mére de Dieu, & par consequent élévée sur le premier Trône des Cieux, & au dessus de tous les êtres; si Dieu est son fils, il est par
consequent son sujet, elle est la dame, il est son
vassal, le premier Seigneur est celui duquel on
tient l'être.   Etre Divinisée, voir Dieu à ses
pieds comme sujet, ou tout au plus à ses côtez,
& le tenir par la main comme un enfant, ce fut
l'avanture qui arriva à la *Madona* de la nouvelle
Rome.

Rome , dans le cinquiéme fiécle. Elle doit
cette fubite élévation à Cyrille Evêque d'A-
lexandrie , & l'ame du Concile d'Ephefe; en
effet depuis la tenuë du Concile on ne garda
prefque plus de mefures, ni dans les difcours
que l'on fit, ni dans les écrits que l'on débita
à l'honneur de celle qu'Ephefe avoit divinifée ?
Malheureufe ville , ne feroit-ce point l'ancienne & grande Diane des Ephefiens dont tu aurois
voulu redreffer les autels à la faveur d'un nouveau nom ? N'as-tu pas voulu venger l'honneur
de ton ancienne Divinité que les prédications de
Paul avoient decréditées ? Qu'elle qu'ait été ton
intention la *Madona* a hérité de tous les honneurs divins que tu rendois à Diane , difons davantage , fi c'eft le culte de Diane que tu as voulu rétablir , elle gagne avec ufure à ce rétabliffe-
ment, elle feroit aujourd'hui au deffus de tous
les Dieux, car elle eft déclarée, & adorée comme
mére du plus grand , au lieu qu'autrefois Jupiter
étoit fon fouverain.

Pour bien comprendre comment tous les
hommages que l'on rend aujourd'hui à la *Madona* , font fondez fur la décifion du Concile
d'Ephefe, il fuffit de remarquer comment après
cela tous les Orateurs s'abandonnerent à des figures outrées, qnand ils vouloient rendre odieux
le parti de Neftorius, aucun terme ne les arrê-
toit. En effet on ne pouvoit donner à cette nouvelle Deéffe aucun titre qui renfermât plus de
grandeurs, qu'en renfermoit celui de Mére de
Dieu. Les loüanges les plus exceffives ne devoient leur rien coûter. Ecoutons par exemple

C 2

par-

parler le zelé Cyrille, aux emportemens, &
aux factions auquel la Déesse doit son élévation, après avoir foudroyé Nestorius, voici le compliment qu'il fait à sa Déesse, ou plûtôt les hommages solemnels qu'il lui rend ;
Nous vous saluons Mére de Dieu, nous vous
benissons Tresor vénérable de tout l'univers,
lampe qui ne s'éteint point, couronne de la
virginité, Sceptre de la bonne doctrine, temple
durable, & demeure de celui que nulle de-
meure ne peut contenir .... nous vous benissons
vous par qui la Trinité est glorifiée, & ado-
rée, par qui la prétieuse croix du Sauveur est
exaltée, & réverée, par qui le Ciel triomphe,
les Anges se rejoüissent, les Demons sont chas-
sez, le tentateur est vaincu, la nature fragile
élévée jusqu'au Ciel; vous par qui la creatu-
re raisonnable, qui avoit été infatuée par les
idoles, est venuë à la connoissance de la veri-
té; vous par qui les fideles obtiennent le St. Bap-
tême, & sont oints de l'huile de joye; vous
par qui toutes les Eglises du monde ont été fon-
dées, & toutes les nations amenées à la peni-
tence; que dirai-je davantage ? Vous par qui
la lumiere du monde, le fils unique de Dieu
a éclairé ceux qui étoient dans les ténébres, as-
sis à l'ombre de mort, par qui les Prophetes

ont

Cyrili homilia quando septem Concil. Eph.ef.et 1. ou
Banage Hist. Eclef. Tom. 2 p. 1214.

ont prédit l'avenir , les Apôtres ont annoncé le salut aux nations , vous par qui les morts font reßuscitez, par qui les Rois regnent.

Tous ces eloges ampoullez pouvoient recevoir à la rigueur un bon fens, & convenir à la vraie Marie des Chrétiens; cependant à les prendre à la lettre, ils élévent une Creature au deffus du Createur, & dans ce fens, ils ne fçauroient convenir qu'à la *Madona* de la nouvelle Rome. C'eft ainfi que parlent d'elle tous les Panegiriftes des derniers fiécles, & je ne crois pas qu'il y ait aujourd'hui parmi les Proteftans des Prédicateurs affez ofez pour rendre à la vraie Mére de Jefus des hommages fi folemnels, & pour lui attribuer des effets fi miraculeux.

Quoi qu'il en foit , ce n'étoient encore là que des loüanges : Ephefe divinifa la *Madona*, mais nous ne lifons pas qu'elle lui ait dans le même tems dreffé des autels , ni immolé des victimes. Il eft vrai qu'elle n'en fit que trop ; s'il eft naturel à l'homme d'offrir des facrifices à la Divinité, pouvoit-il fe difpenfer d'en offrir à celle qu'Ephefe avoit deifiée ? Annoncer à tous les Mortels que la *Madona* étoit Mére de Dieu , c'étoit affez leur infinuer qu'ils devoient l'adorer. Auffi cette adoration n'a t-elle été qu'une fuite naturelle de cette décifion.

Le Cinquiéme fiécle fe paffe après cette celebre avanture , fans que nous voiions encore dans aucun Calendrier des fêtes confacrées à celebrer les loüanges de la nouvelle Déeffe; mais le fiécle fuivant dés le commencement, L'Em-

pereu

pereur Juſtinien lui bâtit des temples dans ſon
Empire, la *Madona* lui en ſçeut ſi bon gré, que
Baronius raporte que la Déeſſe & le Prince ſe firent une eſpece de guerre par les honnenrs reci-
proques qu'ils ſe rendirent l'un à l'autre. Comment cela ? C'eſt que ſi d'un côté Juſtinien com-
batit les Neſtoriens qui refuſoient à la Déeſſe
la qualité de Mére de Dieu, d'un autre côté la
Déeſſe vengée des Neſtoriens, vengeoit Juſtinien des ennem.is de ſa couronne, en faiſant
tout plier ſous ſes loix, & en lui donnant l'empire du monde. Si d'un côté Juſtinien fit bâtir
à la Déeſſe de ſuperbes temples, d'un autre côté, en reconnoiſſance, la Déeſſe lui fit conque-
rir l'Afrique ? Que jugez-vous, mon cher Lecteur, de ce combat de liberalitez entre cette Im-
peratrice des Cieux, & cet Empereur de la terre ? Ce ſpectacle ne mérite t-il pas bien d'avoir
ſa place parmi nos avantures ? N'avons nous
pas eu raiſon de dire que la Marie de l'Euangile,
& la Marie qu'Epheſe deifia ſont deux perſon-
nes differentes ?

L'Intention de Conſtantin eſt de ſervir laMa-
rie qu'Epheſe a déclarée Mére de Dieu ? C'eſt
pour elle qu'il bâtit des temples, & c'eſt d'elle
auſſi qu'il obtient la conquête de l'Afrique &
l'Empire du monde. Cette Déeſſe qui le couronne ainſi de lauriers enſanglantez du ſang
des vaincus, cette Déeſſe qui l'éléve ſur tant de
Chars de triomphe, & de là ſur le premier
trône de la terre, ſeroit-elle la méme perſonne
que cette humble fille qui a toujours fait gloire
de ſe dire la ſervante du Seigneur, & qui n'a pas

donné

donné aux hommes d'autres moyens d'obtenir
de fon fils des faveurs que celui de faire ce qu'il
nous dit ? d'ou vient cela que pendant cinq cens
ans elle n'a eu aucun commerce avec les hommes, & qu'enfuite, elle vient fur la terre mendier
des favoris, auxquels elle ne diftribuë rien moins
que des Diademes, pour quelques petits fervi-
ces qu'ils lui rendent, pour fon fuperbe tître qu'ils
lui donnent, pour l'élévation de quelques Bâ-
timens qui portent fon nom ? Laiffons aux efprits du Caractêre & de la Religion de Baronius
le foin de fe tirer de cet embarras, & difons par
provifion que cette Deeffe qui donne ainfi les
Sceptres & les Couronnes à fes partifans, eft une
fauffe Divinité orgueilleufe qui fe piaît à ufur-
per les droits du vrai Dieu ? Que cette fauffe Divinité foit chimere ou réalité nous l'appellons
la *Madona*, puifque l'Italie lui a donné ce nom.

Dans le premier fiécle il arriva une autre a-
vanture qui fut avantageufe à la *Madona*. Boniface 4. Evéque de Rome aiant obtenu de l'Empereur Phocas le Pantheon des Payens qui étoit
un temple qu'ils avoient confacré à tous les
Dieux du Paganifme, il le dédia à la *Madona*,
& à toutes les autres Divinitez fubalternes que la
nouvelle Rome commençoit d'adorer. Cette
avanture ne donna pas peu de crédit à la Déeffe
dans tout l'Occident. Dans le huitiéme fiécle
la *Madona* eut fes adorateurs, mais elle eut encore des oppofans qui fe chagrinoient des excez,
ou l'on portoit la vénération que l'on avoit pour
elle, fes dévots l'appellerent la *Divine reconci-*

C 4

lia-

Ibidem pag. 1269.

liation avec les hommes, *le trefor de la vie immortelle,* *le Ciel plus élevé que le Ciel, le domicile du fo-* *leil glorieux, le levain parfait, le cizeau Seraphique* *qui tient le myftique charbon.* André Archevê- que de Crete exhortoit toutes fortes de perfon- nes à avoir leur recours à elle. Germain Pa- triarche de Conftantinople & plufieurs autres d'un rang auffi diftingué fe declarerent pour le même parti ; de forte qu'il devint le plus puiffant. Ce fut dans ce fiécle que fa refur- rection fut examinée , crüe , authorizée. Charlemagne en douta quelque tems, mais enfin il fe rendit aux informations qui en furent faites , ou du moins il garda un filen- ce avantageux à la *Madona* ; de forte que l'an 817. fous l'Empire de Louïs le De- bonnaire on en Inftitüa la fête à Aix la Chapelle, & depuis ce tems là elle fut en- fin adoptée d'un confentement général. Dans le fiécle fuivant les chofes allerent toûjours en augmentant ; La *Madona* remportoit de jour en jour quelque avantage fur fes en- nemis. L'Empereur Leon furnommé le fa- ge avoit lui même fait à l'honneur de cette Divi- nité plufieurs fermons que fes Prédicateurs dé- bitoient alors parmi les Peuples. L'an mille on commença à jeuner le famedi à fon honneur. Bien-tôt après on compofa ce que Rome ap- pelle aujourd'hui *le petit office de la Vierge,* & la neceffité de reciter des *Ave Maria* &c.

Nous ferions trop ennuyeux fi nous voulions parcourir tous les autres fiécles. Nôtre deffein
n'eft

page 1277.   Ibidem pag. 1191.

n'eſt pas de fatiguer nos lecteurs par un amas de recherches ſur l'Antiquité , mais ſeulement de les divertir.   Ce que nous avons dit étoit pourtant neceſſaire pour donner une Idée générale de la maniere dont la *Madona* a été élévée par les hommes ſur le Trône de Dieu.   Ce que nous allons raporter ſera plus divertiſſant & moins capable de fatiguer l'eſprit.

Voila donc la *Madona* diviniſée , la voila adorée & encenſée , la voila élévée au deſſus de tous les êtres.   Voions à preſent de qu'elle maniere elle va ſe comporter dans ce poſte ſi ſublime.   Admirons les faveurs qu'elle va diſtribuer à ſes adorateurs & la vengeance qu'elle va tirer de ſes adverſaires , juſques ici nous n'avons veu que les avantures de ſon élévation ſur le trône , il eſt juſte de jetter auſſi les yeux ſur les avantures de ſon regne.

CHAPITRE CINQUIEME.

Miracles de la Madona faits en fa-
veur de ses adorateurs.

DAns le huitiéme siécle la *Madona* fit des miracles pour déconcerter ses enne-mis, & pour faire triompher ses dévots: on en trouve un exemple authentique dans la vie de Jean Damascene, & que Monsieur Maim-bourg a fort embelli afin de le rendre plus Cano-nique, car c'est ici un de ces évenemens dont il ne veut pas qu'on doute; Voici le fait.

Dans le siécle que l'Empereur Leon l'Isau rien s'opposoit au progrés du culte des images qui commençoit à s'établir depuis quelque tems, Damascene grand défenseur de ce nou-veau culte, écrivit quelques Lettres Circulai-res pour affermir les peuples dans son sentiment, Leon irrité de ce procedé corrompit des Notai-res qui contrefirent la main de Damascene, & écrivirent en son nom un billet par lequel après avoir assuré l'Empereur qu'il avoit la même foi que sa Majesté, il le conjuroit de venir se rendre maître de la ville de Damas qui étoit mal gardée

&

& dont il étoit presque le maître, Leon envoya
cette lettre supposée à Damas au Prince des Sar-
razins dont Damascene étoit sujet. Ce Prince
Sarrazin l'aiant leüe fit exposer Damascene sur un
échafaut, & lui fit couper la main ; Damascene
obtint de son Prince la main qu'on lui avoit coupée, sous pretexte de vouloir l'enterrer, disant
qu'il soufroit des douleurs insuportables jusqu'a
ce que sa main fut en terre ; il la raprocha de son
bras, il se jetta à genoux devant une image, il
pria la *Madona* de rétablir sa main afin de l'em-
ployer à écrire ses loüanges ; *Vous pouvez toutes
choses*, lui disoit-il, *Comme Mère de Dieu* ; il
s'endort en priant & songe qu'il voit la Déesse
remettre sa main & lui dire *ta main t'est renduë,
employe la comme tu l'as promis, & sois un scri-
be diligent.*   A son réveil il trouve sa main gue-
rie, & un petit filet rouge autour de son poignet
pour être un memorial certain du miracle.   Là
dessus le Prince Sarrazin le déclare innocent, &
lui offre une des premieres charges dans son
Conseil ; Damascene la refuse généreusement.
Le plus grand miracle que nous devons admirer
ici ; c'est de voir que cette guerison miraculeuse
ne convertit ni le Prince Sarrazin, ni aucun infi-
dele.   Second Prodige qui prouve suffisamment la verité du premier.

Nous n'allons faire qu'un abregé de toutes les
autres avantures qui sont de plus nouvelle datte,
autrement il nous faudroit faire plusieurs gros
volumes ; quiconque en voudra sçavoir davantage peut lire l'echelle du Paradis, ou le livre du
Pere Crasset jesuite pour réponse aux avis im-
por

portans d'un favant Prélat , nous n'en raporte-
rons que quelques extraits.

Cet homme pofe pour principe , que quelque fcelerat qu'on foit, on n'a rien à craindre
pourveu qu'on fe foit mis fous la protection de
la *Madona* , elle l'a , dit-il , revelé à Sainte
Brigitte. *Sache , ma fille* , lui dit-elle , *qu'il
n'y a point de pêcheur fi defefpéré qui ne retour-
ne à Dieu , & ne trouve miféricorde pourveu
qu'il ait recours à moi.* Après cela ce bon Pére
pour perfuader ces confolantes veritez , nous
produit des fcelerats du premier Ordre qui ont
été fauvez uniquement pour avoir au milieu
de leurs impietez confervé de la dévotion à la
Madona ; Ces exemples méritent bien d'avoir
leur place parmi les avantures de la Déeffe.

Un nommé Theophile d'Adanus ville de
Cilicie aiant été dépofé de fa charge d'Archi-
diacre pour n'avoir pas toûjours dit fon breviai-
re , de rage fe donna au Diable par l'entremife
d'un Juif qui étoit Magicien ; ce malheureux re-
nonça à la *Madona* , & à Dieu fon fils , & il en donna au Diable cedule fignée de fa main ? Que va
t-il devenir ? Sera t-il damné ? Le Diable va-
t-il l'emporter ? Point du tout ; quelques *Ave
Maria* qu'il avoit dit pendant fa vie le tirent
d'affaires. La Déeffe lui infpire une fecrette horreur de fon crime , il s'en repent , il court dans
un de fes temples , il fe profterne devant une de
fes images , il l'appelle à fon fecours , & au même tems elle defcend des Cieux , elle le reconci-
lie avec fon fils , elle contraint le Diable à lui
rendre fa cedule , & le met en fuite. Un jeune

Sol-

Soldat Gafcon aiant diffipé fon bien, s'étoit auffi donné au Diable, & avoit renoncé à Dieu, mais n'aiant jamais voulu, dit Craffet, renoncer à la fainte Mére de Dieu, quelque inftance que le Diable lui en fit, cela lui procura le pardon de fon defefpoir. Comment cela? Par une avanture affez furprenante, il courut fe profterner devant une image de la *Madona* qui tenoit fon fils entre fes bras, & lors qu'aux pieds de l'image il crioit, Mifericorde, la bouche dans la pouffiere, il entendit de fes propres oreilles le Dialogue fuivant entre les images de la Mére & du fils: *O Mon tres-doux fils aies compaffion de ce malheureux*, dit l'image de la mére : *Que voulez vous que je faffe à ce miferable qui m'a renoncé*, répondit l'image du fils ? A ces mots l'image de la Mére fe profterne devant celle du fils la conjurant de ne lui point refufer cette grace. Auffitôt le fils relevant fa mére lui dit , *Je ne vous ai jamais rien refufé, je le veux, je lui pardonne à vôtre confidération.*

Il y a long-tems que de vieux legendaires avoient raporté cette Charmante avanture, auffi n'accufez pas Craffet de nous en impofer, il n'a fait auffi bien que nous que de la copier; la chofe étant ancienne elle eft auffi veritable que toutes celles dont fon livre eft rempli, & il n'a raporté cette hiftoire que pour faire honneur à fa Religion. Il prétend que l'homme qui a été témoin du miracle vivoit encore du temps de Cæfarius moine de Citeaux il y a plus de 400 ans ; & qui a laiffé ce recit à la pofterité. Craffet parle de la forte dans Paris fur un des plus fameux theatres du

du monde, il eſt Jeſuite, ſon livre a l'approba-
tion de ſon Ordre, il ſe débite avec Privilege
de Louis le Grand, le Pape qui eſt infaillible,
dit que tout cela eſt vrai; & par conſequent cela
ne peut être faux, il faut le croire ou encourir
l'indignation de la Déeſſe qui ne nous retireroit
jamais du Purgàtoire, ſi une fois elle étoit ſâchée
contre nous. D'ailleurs Mr. L'Abbé Trite-
me ſelon le témoignage du Reverend Pére Craſſet a dit que ce Cæſarius étoit un Religieux trés
ſavant, un trés homme de bien, un trés-fidele
obſervateur de toutes ſes regles, c'eſt-à-dire que
quand la Cloche du Convent ſonnoit pour di-
ner ou pour ſouper, il ne manquoit jamais de ſe
trouver au refectoire pour bien manger & pour
bien boire. Or ce bon ſaint, ce Savant Religieux
prend Dieu à témoin qu'il n'a inventé aucune
choſe de celles qu'il va raporter. Quoi donc?
Croirons nous après cela que l'hiſtoire précé-
dente ne ſeroit pas veritable? Je ſçai bien qu'un
héretique pourroit dire que ſi Cæſaire ne l'a pas
inventée, d'autres ont peu l'inventer avant lui,
& qu'ainſi il n'aura pas menti pour avoir pris
Dieu à témoin qu'il ne l'avoit pas inventée, mais
quand on eſt Ortodoxe, & qu'on a la foi, on ne
ſe fait pas toutes ces objections. Laiſſons donc
les incredules à leur ſens reprouvé & aprenons
encore de ce Religieux *trés-ſavant, de ce trés hom-*
me de bien, & de ce trés-fidele obſerva-
teur de ſes regles, une autre avanture de la *Madona*
auſſi peu ſuſpecte que la premiere. Dieu eſt témoin qu'il ne l'a point inventée, la choſe eſt
comme il l'atteſte.

Une

Une certaine Beatrix portiere d'un Convent, s'étant un jour débauchée avec un Prêtre auquel le Celibat étoit à charge aussi bien qu'à elle, sortit du Monastere, & courut avec lui les Bordels pendant quinze ans. Pendant ce long espace de temps, la *Madona* fort officieuse prit la figure de cette Prostituée, & servit le convent en son absence, de peur que son honneur ne receut aucune atteinte. Vous étes peut-être surpris de voir la Reine de l'Univers s'abaisser de la sorte pour une servante, mais il faut que vous sachiez que cette Déesse est si obligeante pour tous ses dévots qu'elle n'en dédaigne aucun. Cette pauvre fille n'avoit guere manqué à dire son Chapelet depuis qu'elle avoit pris le voile; mille fois elle avoit prié pour être delivrée de certains aiguillons qui la piquoient jusqu'au vif; ne pouvant être exaucée elle se dépite, elle s'abandonne, elle se prostitüe à un bon Prêtre qui sentoit les mêmes demangeaisons; & en sortant du Convent elle avoit porté ses Clefs aux pieds d'une statüe de la *Madona*, & lui avoit dit, *Madame je vous ai servie le plus dévotement que j'ai peu; je vous remets vos Clefs, je ne sçaurois plus suporter les tentations de la chair,* cette dévotion qu'elle avoit toûjours conservée pour cette Déesse fut ce qui obligea celle-ci à prendre les Clefs de celle-là, & à faire en la place l'office de portiere non seulement pour sauver son honneur, mais aussi selon toutes les apparences, pour lui donner le loisir de se divertir tout son soul. C'est-ce que fit la pauvre enfant, elle sacrifia quinze ans à ses plaisirs, après cela elle revient au Couvent

fati-

fatiguée peut-être, & non pas raſſaſiée; mais ſa beauté commençant à ſe flêtrir, elle crut qu'elle devoit le reſte de ſes jours préferer la ſolitude du Cloître à la liberté des Mondains; elle y rentre, Marie lui rend les clefs, & perſonne ne s'apperçut de ſa longue abſence : encore une fois cela eſt vrai, car le bon Pere Craſſet ne le cite qu'après *le ſavant & le pieux Cœſarius.*

Pelbart de Temeſuar eſt encore un homme du témoignage duquel il ne faut non plus douter que de celui de Cœſarius. Or voici encore une avanture admirable que Craſſet raporte après lui.

Une Epouſe affligée de l'Infidelité de ſon mari, alla ſe jetter au pied de l'Image de la *Madona* pour la prier de confondre la malheureuſe qui débauchoit ſon époux ; mais malheureuſement pour elle, il ſe trouva que cette impudique diſoit ſon *Ave Maria* ſept fois le jour. *Celle dont tu me parles,* lui répondit la Madona par la bouche de ſon image, *m'offre des loüanges qui me ſont tres-agreables, pendant qu'elle fait cela, il m'eſt impoſſible de travailler à ſa confuſion, bien loin de cela ; Je la garantirai de tout danger : toutefois je la convertirai.* Cet *Ave Maria* a une ſi grande vertu qu'un oiſeau à qui on avoit apris ces deux paroles, ne fit que les prononcer un jour qu'un épervier l'enlevoit, & auſſi-tôt il fut relâché.

Cet *Ave Maria* a reſſuſcité même les plus grands ſcelerats qui ſont morts ſubitement ſans Confeſſion, afin qu'ils ſe confeſſaſſent, ou ſi cela n'eſt pas vrai, Craſſet eſt un menteur. Or à Dieu ne plaife que nous difions cela de lui, nous prétendons qu'il eft auffi infaillible que le Pape de Rome; Un citoyen Romain Impie au fu-preme degré fortit de fon tombeau par l'inter-ceffion de la *Madona* pour fe confeffer, & rece-voir une abfolution qu'il avoit méprifée toute fa vie. Un Voleur qui avoit confervé la coutume de jeuner le famedi à l'honneur de la vierge aiant été pris en volant, & décapité fur le lieu, fa tête voltigeant en l'air s'écria *Confef-fion, Confeffion, Confeffion*; on alla chercher un Prêtre, le Prêtre venu remit la tête fur le Corps, le voleur fe confeffa & dit qu'il a-voit ueu la *Madona* empêcher le Diable d'em-porter fon ame dans les enfers, & qu'elle a-voit voulu lui accorder la grace de fe confeffer afin qu'il fut fauvé, & cela en confidération de fou jeune du Samedi. Dites après cela qu'il ne faut pas jeuner le Samedi, ni fe confeffer à l'oreille du Prêtre. Craffet raporte bien d'autres avantures femblables. Mais il faut finir quelque part, nous nous bornons à celles là & nous allons changer de fcene mais non pas de fujet,

CHAPITRE SIXIEME.

Les Galanteries de la Madona avec ses dévots.

LA Déesse devenüe amoureuse dans les derniers tems , a souvent apparu à ses dévots & leur a accordé toutes les faveurs qu'un Adorateur de Venus ou de flore auroit peu attendre de ces Déesses de prostitution. Dominique Patriarche des Jacobins & inventeur du Rosaire , s'étant retiré dans le fond d'une caverne , afin d'y faire penitence pour les heretiques de Toulouse, la Madona lui apparut accompagnée de trois Dames d'honneur dont chacune étoit suivie de cinquante demoiselles. Ces trois femmes étoient les trois personnes de la Trinité & les cinquante Demoiselles étoient des Anges. Cela représentoit apparemment que depuis l'élévation de la *Madona* sur le premier trône du Ciel, Dieu & les Anges avoient changé de sexe par complaisance pour elle. Quoiqu'il en soit c'est là l'équipage nuptial ou la Déesse va épouser Dominique. *Dominique,* lui dit-elle, *mon fils,*

mon doux époux, parceque tu as combattu puif-
famment par l'infpiration de Jefus contre les
ennemis de la foi. Je viens à ton fecours ,
moi que tu as tant invoquée. Dominique
tomba contre terre à demi mort de ioye de fe
voir en même tems fils & époux de la Déeffe.
Il ne lui répondit que par des regards languif-
fans. Pour achever la Ceremonie, les trois
Dames d'honneur le relevent de terre, & étant
un peu revenu de fon extafe, fa divine Amante,
le reçoit dans fon fein virginal, le baife ten-
drement & amoureufement, & fe découvrant
enfuite le fein & les mammelles, elle lui don-
ne à téter de fon lait & le guerit entierement.
Voila un mariage & un incefte dans toutes
les formes. Les deux parties contractantes
font, la *Madona* & Dominique: Celle là appelle & prend celui-ci pour fon époux : Dominique répond à la propofi ion par un doux
extafe en lequel il tombe : Voila l'engagement
mutuel dont l'amante a fait toutes les avances.
Cette tendre époufe reçoit fon bien aimé *dans*
fon fein virginal , elle le baife tendrement & a-
moureufement : Voila la confommation du Mariage dont il y a bons téinoins, Les trois perfonnes de la Trinité metamorphofées en trois
femmes d'honneur, & cent cinquante Anges
metamorphofez en Demoifelles fuivantes, ont
affifté à toute la Ceremonie & ont été de la
noce : que faut-il davantage pour rendre un
mariage valable felon toutes les loix divines
& humaines ?

D 2

Nous

Nous venons de dire que dans cette avanture il y avoit aussi un inceste ; mais comme
il est Divin & commis par celle qui est au deffus des loix, ne vous imaginez pas qu'il soit
criminel. Dominique est le fils de Marie ,
Mon Fils, lui dit-elle , apparemment qu'elle
avoit aussi reccu son Pére *dans son sein virginal*
le fils devient son époux , *mon fils mon doux*
époux : devenuë son épouse elle cesse si peu
d'oublier qu'il est *son fils, son propre fils,* qu'-
elle découvre *son sein & ses mammelles & luï*
donner à véter de son lait ; une mére épouser
son fils, & un fils si mignard qu'il tete encore
après ses noces ; n'est-ce pas là un inceste ?

Monsieur Jurieu se met en colere dans
son livre des préjugez contre Alain de la
Roche Religieux du même Ordre, c'est-à-
dire Jacobin, de ce qu'il a couché sur le papier cette charmante Avanture de la Madona.
En quel état , dit-il *, étoit l'imagination*
échauffée de ce Moine quand il écrivoit ces hor-
ribles paroles ? N'étoit ce pas au sortir de quel-
que lieu infame , le Cœur encore tout plein du
plaisir de ses débauches, qu'il coucha sur le pa-
pier cette horrible fable ? Monsieur Jurieu croit
que tout le monde est incredule comme lui.
Il doit sçavoir qu'il faut avoir bien de la foi
pour croire tout cela. S'il n'étoit pas héretique il le croiroit comme les autres. D'ailleurs le bienheureux Alain est digne de foi,
car il raporte de lui même ce qu'il a raporté de son Patriarche ; & s'il est vrai que la
chose

chofe lui foit arrivée ; pourquoi ne feroit-elle pas arrivée à d'autres ? Or voici à quelle. occafion il reçeut le même honneur que Dominique.

Ce bon Religieux bien plus parfait que ceux d'aujourd'hui, n'étoit tenté du péché de la chair qu'une feule fois en fept ans : Mais cette tentation étoit fi rude , que quelquefois il prenoit le couteau pour s'égorger. Etant un jour fur le point d'en venir à cette extrémité, la *Madona* au milieu de la nuit lui apparoît dans fa cellule , & après l'avoir entretenu de belles chofes , elle tira de *fes mammelles du lait qu'elle verfa fur les playes que le Diable lui avoit faites, & il fut guéri.* Car ce lait eft bon à tout. On en boit pour la foif, & on en fait des Cataplafmes pour les ulceres. Après l'avoir gueri, elle lui met au doigt un *anneau fait de fes cheveux vierges, elle lui pend au cou une chaîne & un cordon fait auffi de fes cheveux, ou il y avoit Cent Cinquante pierres précieufes,* & dans ce bel appareil , *elle l'époufe en prefence de Jefus & d'un grand nombre de faints qui feruirent de témoins.* Enfin la Ceremonie fe termina *par un baifer que lui donna la tres-douce Dame.* Elle lui donna auffi *à fuccer fes tetons vierges,* avec tant de tendreffe que le nouveau marié peu accoutumé à de femblables faveurs, en penfa mourir de joye. Il lui fembloit, dit-il, *Que tous fes membres étoient arrofez d'une douce Li-*

queur.

queur.   Cette faveur lui fût continüée fort souvent.

Ne voila t-il pas encore une mére qui donne à téter, & qui se marie à l'Enfant qu'elle allaite? Voila donc encore un chaste inceste commis par la *Madona*. Vous devez en croire ce bon Religieux sur sa parole. Croiez vous qu'il voulut mentir? Non, cela n'est pas croiable. Puis donc qu'il n'en parle point par oüir dire, mais par une expérience persanelle, il n'en faut non plus douter, que de l'avanture des sept dormans. Mais il y a ici un mystere que tout le monde ne comprend peut-être pas, & sur lequel il faut répandre quelque lumiere. Ce bon Religieux dit que sa nouvelle épouse lui donna à *succer ses tetons vierges*; Comment étoient ils vierges, puis qu'elle avoit auparavant reçeu Dominique, *dans son sein virginal*, & qu'elle l'avoit *baisé amorueusement*? Après cette consommation de son premier mariage, pouvoit-elle avoir des *tetons vierges*? (Retenez bien, mon cher Lecteur, que nous ne parlons pas ici de la Marie des Chrétiens, mais de la *Madona* des Romains) pour dénoüer la difficulté, il faut avoir recours à l'Alcoran de Mahomet, car l'Euangile ne peut nons satisfaire sur cela. Il faut donc que vous sachiez que le même esprit qui a inspiré Mahomet, a inspiré les Moines: Or cet esprit nous revele dans l'Alcoran, que les femmes dont les Mahometans auront l'usage dans le Ciel, seront toujours vierges, quelque commerce qu'elles puissent avoir avec

les

les hommes. Une toute-puiſſance fera cela,
pour éterniſer les plaiſirs des deux ſexes. Cela
étant, vous devez maintenant comprendre comment il ſe pouvoit faire, que l'épouſe d'Alain
après la conſommation de ſon mariage avec Dominique, avoit encore *ſes tetons vierges*: C'eſt
que dans le Ciel les femmes ne perdent jamais
leur virginité. Ainſi le bienheureux Alain dans
les deux baiſers qu'il reçeut de ſa bien-aimée
goura les mêmes plaiſirs que Dominique avoit
goutez avant lui.

Le Révérend Pére Hautin Jeſuite, & par conſequent digne de foi auſſi bien que le Pére Craf-
ſet, raporte après d'autres une pareille avanture
d'un certain Herman à qui la même Déeſſe fit
part de ſes faveurs. Elle ſe preſenta à lui accompagnée de deux Anges. L'un dit, *A qui marierons*
nous Herman ? l'autre répondit, *A Marie.*
Etans tous deux d'accord, ils firent approcher,
Herman, qui demeura tout déconcerté. Le
pauvre homme ne ſçavoit où il en étoit. La
Majeſté de la Déeſſe lui inſpiroit de la retenuë,
ſes charmes lui inſpiroient de l'amour. *Incita-*
bat amor, dit le Jeſuite, *pudor retinebat*; il avoit
déja eu, dit-il, *des commerces tres-familiers avec*
elle, mais il ne s'étoit jamais attendu à ſe voir ma-
rié à une ſi Auguſte Vierge. Cependant il en
flaut venir là: Car elle n'étoit pas moins a-
moureuſe de lui, que lui l'étoit d'elle.

Dans Ceſaire, dont Craſſet loüe la ſincerité,
on trouve encore un de ces mariages divins.
L'oceaſion nous fait aſſez voir, juſqu'à quel
point le cœur de la *Madona* brûloit d'amour.

D 4

Un

Un Soldat aimoit éperdüement la femme de son Capitaine. Un bon Hermite lui conseilla, de salüer cent fois le jour la *Madona* pour triompher de sa passion. Il suivit ce conseil, & il s'en trouva bien. La Déesse se presente à lui avec une beauté ravissante, qui lui fait bien-tôt oublier les traits de la femme du Capitaine, & elle lui dit, *je serai ta femme*, *donne moi un baiser*. S'appercevant, qu'une espece de pudeur le retenoit, *elle le contraignit*.

Mais tirons le rideau sur ces sortes de Galanteries, & laissons aux Romains le plaisir d'en salir leurs imaginations & leurs Livres. Ce sont des gens qui ont certainement le gout fin en matiere de Dévotion mystique. Nous n'y entendons rien en comparaison. Ces neuds sacrez dont nous faisons des sujets de raillerie, sont des mysteres sublimes que nous ne comprenons pas, & cela vient, dit-on, de ce que nous n'avons pas la foi. Il faut avoüer que nôtre hérésie aveugle terriblement nôtre esprit. Car nous ne voions rien dans ces sales avantures, que d'impie & de profane, & mille fois plus impie & plus profane, que tout ce que nous lisons dans l'Antiquité payenne. Nous ne voions pas que Venus en ait tant fait que les Papistes en font faire à leur *Madona*. S'il y a là dedans quelque grand mystere caché, qu'on ait donc la bonté & la charité, de nous le faire connoître, & de dissiper les ténébres qui nous aveuglent : sans cela nous demeurerons dans nôtre aveuglement, & ces infames avantures ne feront que l'augmenter.

CHA-

CHAPITRE SEPTIEME.

Les Artifices de la Madona pour se rendre plus recommandable, que le Dieu de la Messe.

LE profond silence que le Dieu de la Messe affecte, lui fait tort. Sa stupidité & son immobilité le font regarder, ou comme un Dieu impuissant, ou comme un Dieu indifferent. Il a pourtant fait quelquefois connoître qu'il n'étoit pas insensible aux affronts de ses ennemis, ni tout à fait sourd aux prieres de ses Adorateurs ; mais il l'a fait si rarement, que cela à inspiré peu de crainte à ceux là & peu de confiance à ceux-ci. Après tout, il s'est rendu si commun que l'on en fait bien moins de cas que de plusieurs Divinitez qui lui sont inferieures. La *Madona* s'est ménagée avec bien plus de prudence. Jalouse de l'élévation de ce nouveau Dieu, elle n'a rien oublié pour se rendre plus recommandable, & elle y a réüssi. Les mesures qu'elle a prises pour cela, ont été de faire par ses images ce que ce petit Dieu nouvellement né, ne fait pas par lui même. Ce Dieu

est

est muet, stupide, immobile, cela le rend mé-
prisable. La *Madona* a fait parler plusieurs de
ses images, elle les a rendües capables de raison-
nement & de mouvement, & voila ce qui l'a ren-
düe Auguste & vénérable. Ce Dieu a t-il choisi
tous les temples du Papisme pour son séjour, &
ce choix lé rend-il trop commun & trop banal ?
La *Madona* au contraire ne choisit qu'un certain
nombre de lieux ou elle reçoit les hommages de
ses adorateurs, & ou elle les comble de ses faveurs, & voici comment cela se fait.

Après avoir choisi le lieu qui lui plaît le plus
pour distribuer ses faveurs, elle y fait trouver
quelque image qui souvent n'a point été faite de
main d'homme ; le premier qui trouve cette
image crie, *Miracle* ! Chacun à cette nouvelle
accourt au lieu ou la découverte a été faite. Sur
le champ il s'y fait quelque prodige. De là l'on
conclud que la Déesse veut y avoir un temple &
un autel, & l'on ne manque pas de les construire
aussi-tôt, depeur d'attirer son indignation. Le
bruit de ce prodige se répand de toutes partes, &
chacun laisse le petit Dieu de la Messe dans le
Tabernacle de sa paroisse, pour aller faire hommage à l'image de la *Madona*. Ce procedé lui
a si bien réüssi qu'elle a maintenant des images
couvertes de Pierreries, & des temples qui re-
gorgent de biens, tandis qu'a peine le pauvre
Dieu de la Messe, a un Ciboire d'argent pour
se loger. Il est vrai qu'on le porte en pompe une
fois l'an, mais la *Madona* partage même avec
lui les honneurs qu'on lui rend ce jour là. Venons à un détail abregé & voyons par quelles a-

van-

vantures elle s'est renduë plus celebre & plus recommandable que ce Dieu. Attachons nous
aux lieux les plus connus qui lui sont consacrez,
& dans lequels elle est comme prodigue de ses
faveurs.

Lorette est un des lieux que la *Madona* á choisi pour y être adorée & servie, & pour y faire ses
plus grands miracles. Aussi n'y a t-il rien au
monde de si bien imaginé que la maniere dont
elle s'y prit pour avoir le plaisir de voir à ses
pieds le Dieu de la Messe, qui venoit de parve-
nir au dernier periode de sa grandeur. Ce fut
dans le 13. Siecle que la chose arriva. Il y a-
voit quatre cens ans que la nouvelle Rome étoit
divisée au sujet de cette petite oublie sur laquelle
les Prêtres Romains font tant de tours de passe
passe, lorsqu'ils celebrent la Messe. Les uns
vouloient que ce fut un Dieu, les autres vouloient que ce ne fut qu'une creature. Mais enfin
après plusieurs siécles de Contestations, Rome
dans un Concile de Latran, déclara que c'étoit
un Dieu, & même le maître & le premier de
tous les Dieux. Après cette décision chacun
sacrifia au nouveau Dieu. Quelques miracles
qu'on lui fit faire lui donnerent du crédit, & re-
pandirent par tout sa renommée. Comme ce
Dieu est facile à faire, qu'un peu de farine &
d'eau démélez ensemble, & mis sur le feu du
Boulanger, avec quelques paroles d'un Prêtre, lui donnent l'être, toute l'Europe en fut
remplie Il n'y eut aucune Eglise qui n'en fit &
n'eu conservât plusieurs

La *Madona* craignant que la creation de ce
nou-

nouveau Dieu, lui portât préjudice, songea tout de bon à se conserver à quelque prix que ce fut, dans le poste ou les siécles précédens l'avoient élévée. Elle donna en plusieurs lieux des preuves authentiques de sa toute-puissance, & fit voir par les miracles qu'elle fit en plusieurs lieux, qu'il ne faloit pas l'oublier pour courir après le nouveau Dieu.

Ce fut alors qu'elle choisit entr'autres Lorette pour y donner une marque indubitable de son pouvoir. En effet le prodige qu'elle y fit paroître l'affermit si bien sur son trône que depuis ce temps-là, le Dieu de la Messe à été trop heureux, qu'on l'ait destiné à être la premiere victime entre celles que l'on immole sur les autels de la Déesse. Boniface huitiéme Auteur du Jubilé, tenoit pour lors les reines de l'Empire du Papisme. Ce fin renard étoit justement l'homme qu'il faloit à la *Madona* pour faire réüssir son dessein, aussi il ne lui apporta aucun obstacle. Voici le stratageme.

Il y avoit encore dit-on dans le même siécle à Nazareth, la chambre dans laquelle la *Madona* avoit été conceuë & avoit pris naissance, dans laquelle enfin elle avoit été salüée de l'Ange & auoit conçu le sauveur du monde. Les Apôtres de leur tems en avoient fait une Chapelle, & saint Pierre y avoit chanté sa premiere Messe. Saint Luc qui étoit peintre, y fit plusieurs images, mais entr'autres il fit celle de la *Madona* qu'il plaça sur l'autel. Cette Chapelle demeura là treize cens ans: Mais les Mahometans venant à inonder la Judée & à profaner les temples

ples des Chrétiens , la *Madona* crut qu'elle devoit pourvoir à fa Chambre & à fon image, &
ce qui lui vint dans l'efprit lui fervit à deux fins.
1. À confondre Mahomet 2. à humilier le Dieu
de la Meffe. En effet elle defcend fur le lieu
accompagnée d'un nombre infini d'Anges, & à
la face des Mahometans elle fait enlever fa
Chambre & fon image l'an 1291. au mois de
May. Et fendant les Airs avec les efprits chargez de ce précieux dépôt, elle le fait tranfpor-
ter jufqu'en Dalmatie diftante de Nazareth, à
ce qu'on dit, de prés de deux mille lieües. Et là,
elle le fait pofer fur une montagne d'ou l'on voit
la mer Adriatique , entre une ville nommée
Terfactum & un autre nommée *flumen*. C'eft
ainfi qu'elle confondit les infideles en leur déro-
bant le plus rare butin qu'ils pouvoient efpé-
rer.

Mais fuivons la chambre. La voila qui trois
ans après quitte la Dalmatie, & vole encore une
fois dans les airs. Que va t-elle donc devenir?
Impies Dalmatiens vous vous étes apparemment rendus indignes de ce celefte prefent, il
faut que vous aiez dédaigné les faveurs de la
Déeffe. Oui c'eft cela même. D'abord la grandeur du miracle fit des dévots & attira des Pélerins, mais le zele de ces peuples venant à fe ra-
lentir, la *Madona* fit une feconde fois enlever fa
Chambre, & l'alla planter en Italie dans le terri-
toire de *Recanati* au milieu d'un bois apparte-
nant à une femme nommée *Loretta* Dame du
même lieu. A l'arrivée de cette Chambre tous
les arbres de la forêt fe courberent pour l'adorer.

rer. Il ne faut pas demander si cette seconde &
miraculeuse translation réchaufa le zele des Dévots de la *Madona*, & réfroidit celui des Adorateurs du Dieu de la Messe, qui n'avoit jamais
fait un tel miracle. Ce pauvre Dieu vit bien-tôt
ses autels abandonnez, & celui de Loretta environné d'une foule d'adorateurs. enfin une troisiéme translation fut un coup de massüe qui
pensa faire expirer ce fils du Concile de Latran.
Un grand nombre de Voleurs se cachant dans
le bois ou la *Madona* invitoit & favorisoit ses dévots, & plusieurs Pélerins y perdans & les biens
& la vie, la Déesse commanda aux Anges de la
transporter sur une montagne découverte qui
n'étoit pas éloignée de là & qui appartenoit à
deux fréres. Aussi tôt cette Montagne naturellement inculte, devint si riche qu'elle fut la cause
de plusieurs débats entre ces deux fréres. Ils ne
pouvoient s'accorder sur le partage des biens
immenses que leur apportoient les Pélerins, qui
y accouroient de toutes parts. Ils en vinrent
aux menaces, aux procés, aux coups & peut être
se seroient-ils égorgez, mais la bonne *Madona*
sçut les mettre d'accord n'étant pas fâchée de
trouver l'occasion de faire un quatriéme miracle
pour rendre son nom grand & adorable. Les
Anges furent donc encore une fois commandez
pour venir ravir à ces deux miserables un bien
dont ils étoient indignes. Ils prennent la
Chambre pour la quatriéme fois, & la vont poser
le long d'un grand chemin ou elle est encore aujourd'hui.

Telle est une des avantures par le moien de
laquelle

laquelle la *Madona* a trouvé le fecret de fe faire rechercher préferablement au Dieu de la Meffe. Quiconque voudra en être inftruit plus amplement, peut lire l'Hiftoire qu'en a faite le Jefuite Turfellin, fon hiftoire eft trés-veritable, car le Pape Clement 8. l'a approuvée & tous les Docteurs d'Italie, d'Efpagne, de Portugal, & le plus grand nombre de ceux de France croient cela plus que l'Euangile.

Mais que devient cette Chambre fur le grand chemin? La *Madona* en tire tous les avantages qu'elle pouvoit fouhaiter. On a bâti au même lieu une magnifique Eglife au milieu de laquelle fe trouve la chambre, à l'abri de toute infulte. Pour la conferver plus précieufement encore, on a élévé quatre murailles qui l'environnent & qui la renferment comme dans une boîte, fans toutefois la toucher. On auroit bien voulu joindre les nouveaux murs à ceux de cette chambre, mais on ne l'a pû. Les pierres que l'on approchoit de ce bâtiment facré, reculoient avec violence, malgré les maçons, de forte qu'il falut laiffer de l'intervalle. Toutes les relations des voyageurs nous difent qu'il n'y a rien de fi magnifique. En a t-on jamais tant fait pour le Dieu de la Meffe?

Depuis ce tems-là, Lorette à veu des millions d'Adorateurs aux pieds de la *Madona*. Jamais l'arche d'alliance n'a été fi précieufe aux Ifraëlites que cette chambre
eft

est prétieuse aux Papistes. Les Riches & les pauvres, les grands & les petits, le Clergé & le peuple, les Rois & les sujets, y font hommage à la statuë même de la *Madona* qui n'est qu'un bois vermoulu, mais qui est plus richement parée que la plus grande Princesse de l'Univers. Sa Garderobe est d'un prix infini. Il n'y a gueres de Princesse Papiste qui ne se fasse un devoir de faire à cette statüe present d'un habit Royal. Elle en peut changer tous les jours. Elle à sept habits de deuil pour les sept jours de la semaine Sainte. Elle a sur sa tête une triple couronne converte de joiaux prétieux, dont Loüis treize Roi de France, lui fit present. Le Dystique est gravé par dedans.

Tu caput ante meum cinxisti, virgo, coronâ
Nunc caput ecce teget nostra corona tuum,

Le Roi parle à la statuë & lui dit, qu'il lui rend couronne pour couronne ; c'est à dire que ce Prince avoit obtenu de Marie le Roiaume de France, comme l'Empereur Justinien avoit obtenu d'elle la conquête

quête de l'Affrique : *Tu m'as mis la Cou-*
ronne sur la tête , lui dit-il, dans le premier
vers, *celle que je mets maintenant sur ton*
front, sera un monument éternel du present
que j'ai receu de ta main. C'est le sens du
second vers. Entre les habits qu'elle porte,
celui qui a le plus d'éclat est son manteau Royal, qui étant chamarré d'une multitude in-
finie de pierres precieuses éblouït tous ceux
qui le regardent.   Ce ne sont tout autour
que lampes, que statuës, que bustes, &
autres figures d'or & d'argent, sans parler des
candelabres d'argent & de vermeil, qui sont
au nombre de vingt huit, il y en a douze d'or
massif., dont il y en a deux qui pesent
trente sept livres chacun.   Quand on des-
habille la statuë pour la faire changer d'habit, on voit à ses pieds le Clergé & le Peuple, la bouche dans la poussiere, se frapant
la poitrine, & criant, *Misericorde.* Les plus
grands cris se font lors qu'elle est toute nuë,
& ils diminuent à mesure, qu'on la recou-
vre. De tous les Prêtres destinez à son service il y en a de trois sortes qui y assistent à
son changement d'habit ; les uns y chantent
ses loüanges, les autres l'encensent, & les
autres lui servent de filles de chambre avec
tant d'adresse, qu'il n'y a gueres de Dames
Romaines entre celles qui ont veu la ceremonie,   qui ne souhaittassent avoir de pareils serviteurs à leur toillette. Il n'y a
point de jour qu'elle ne reçoive quelque present considerable des têtes. Couronnées, &

E

la

la derniere offrande eſt toûjours laiſſée pour
un tems ſous les yeux de l'Image dans un lieu
deſtiné à cela. Si un Roi veut triompher de
ſes ennemis ou conſerver la tranquilité dans
ſes Etats, s'il veut rendre fecond un ſein
ſterile, ou faire ſucceder l'abondance à la di-
ſette, la ſanté à la maladie qui afflige & dé-
peuple ſon Royaume, il envoye un preſent
à Lorette & en même tems il eſt exau-
cé.

Il n'eſt pas beſoin de ſortir de nôtre ſie-
cle pour ſavoir combien ces preſens ſont efficaces; nous en avons même des exemples
devant nos yeux. C'eſt d'Angleterre qui
nous les montre avec tant d'évidence, qu'il
ny a point d'incredulité qui puiſſe tenir contre. Voici le fait. Le Roi Jaques Second qui
vit encore (car nous n'en appellons point
aux morts) ne pouvant avoir d'enfant de la
Reine Marie ſon Epouſe, lui perſuada d'en-
voyer un preſent à Lorette, & de ſe recom-
mander fortement à la Madona ; la Reine
obeït, elle envoye à la Déeſſe un Ange d'or,
qui tenoit en ſa main un cœur plus gros
qu'on œuf, tout couvert de Diamans d'un
grand prix. Mr. Maximilien Miſſon dans
le premier Tôme de ſon nouveau Voyage
d'Italie, dit avoir veu le preſent, & avoir
appris du Jeſuitte Anglois qui le lui montra,
que l'inſtant même auquel l'Ange d'or entra
dans la chambre ſacrée, fut le moment heureux auquel la Princeſſe conceut. Ce Jeſuite ajoûta, qu'au moment que l'Ange d'or
fut

fut preſenté, il eut une longue converſation avec la Madona, par laquelle il lui fit connoître combien elle étoit elle même intereſſée dans l'affaire, dont il s'agiſſoit, puis que le rétabliſſement de ſon culte en Angleterre dependoit uniquement du Succeſſeur que le Roi regnant lui demandoit ; au lieu que s'il mouroit ſans enfans mâles, il ne laiſſeroit ſur le Trône Brittannique que des filles Hérétiques qui ſeroient les ennemies jurées de la Reine des Cieux. Le Jeſuite qui apparemment avoit entendu tout le Dialogue entre l'Ange d'or & l'Image de la Madona, l'avoit mis en vers : Et il en donna copie à Mr. Miſſon, afin de le convertir, & d'en faire un bon devot à cette grande Déeſſe. Il eſt bon que cette copie ſe trouve en pluſieurs ouvrages, auſſi bien que toutes les avantures que nous avons rapportées, afin que tout le monde en ſoit pleinement informé. La piece eſt curieuſe & le fait rare. Les vers ſont en Latin, mais nous les traduirons en faveur de ceux qui ignorent cette langue.

L'Ange à la Madona.

Salve Virgo potens, en ſupplex Angelus adſum,
Reginæ Anglorum munera, vota fero.

Per-

Perpetuos edit gemitus mœstissima Prin-
ceps
Sis pia , & afflictæ , quam petit af-
fer opem.
Casta Maria petit sobolem : Petit An-
glia , summi
Pontificis titubans Relígioque pe-
tit.
Inculti miserere uterî sitientia tandem
Viscera , fæcundo fonte rigare velis.

C'eſt à dire,

Tres Puiſſante Madona, l'Ange que vous
voyez proſterné aux pieds de vôtre Divinité, vous apporte les preſens & les vœux
de la Reine d'Angleterre. La vie de cette
pauvre Princeſſe eſt une mort continuelle,
de grace, Madame, ayez compaſſion d'elle,
& ne refuſez pas à cette affligée la grace
quelle vous demande, toute l'Angleterre,
tous les Royaumes devoüez à Vôtre ſervi-
ce, mais ſur tout la Religion de Vos ſervi-
teurs qui eſt preſte à perir dans les Iſles
Britanniques, tout cela vous conjure de ré-
pondre favorablement aux vœux de cette
chaſte Reyne. Ayez donc pitié d'une terre
qui n'eſt pas bien cultivée, & faite, ce que
la Matrice alterée de Vôtre ſervante, ſoit
arro-

arrosée par quelque ruisseau qui parte d'une fontaine feconde.

La Madona à l'Ange.

Nuncie Cœleftis, Reginæ vota fecun-
do,
  Accipiet focii pignora chara tori.
Immo Jacobus, dum tales fundo loque-
las,
  Dat, petit amplexus ; concipit illa,
Vale.

C'eft à dire,

Celefte Ambaffadeur, la Reine eft exaucée, & même dans le moment que je parle, Jaques l'embraffe & en eft amoureufement embraffé. J'ai rendu vigoureux ce lâche laboureur, & feconde la terre fterile, & l'eau dont elle eft arrofée lui fera produire le fruit que tu demandes à Dieu ; treve de compliment, la chofe eft faite.

L'Ange à la Madona.

Sed natum, ô Regina, marem Regina
  peroptat

                    Nam

Nam spem jam Regni filia bina fo-
vet.
Dona, Virgo, Marem.

C'est à dire,

Mais, ô Dèeſſe, la Reine vous demande un Prince, car ſi vous ne lui donnez qu'une fille, elle ne montera pas ſur le Trône. Les Princeſſes d'Orange & de Dannemarc porteront la Couronne avant elle, & ſi elles ont des enfans, la Fille de la Reine Marie ne regnera jamais. Penſez y bien, Madame, la choſe eſt de conſequence; prenez garde que le laboureur ne jette en la terre qu'il cultive une ſemence femelle: ſi cela eſt tout eſt perdu.

La Madona à l'Ange.

Jam condum ilia natum
Fulcrum erit Imperii, Religionis ho-
nor.

C'eſt à dire,

Je te ſuis obligé de ton avis, mais j'ai pourveu à tout. La Reine conçoit un fils qui
ſera

fera l'appui de l'Angleterre, & la gloire de
la Religion Catholique.

L'Ange chante de Joïe.

*Reginam exaudit Regina Maria Ma-
riam
Alleluya, ô felix, ter quater, alleluya!*

C'eſt à dire.

O merveille, Marie Reine des Cieux, ex-
auce Marie Reine d'Angleterre, ô que je
m'eſtime heureux de pouvoir porter cette
agreable nouvelle à la Princeſſe, huzza!
huzza! huzza! *cri de joie des Anglois.*
Cet évenement miraculeux avoit été prédit par les Jeſuites Anglois qui demeuroi-
ent à Rome du temps de l'Ambaſſade de
Mr. le Comte de Caſtelmaine. Ce Seigneur
rendit viſite à ces Peres qui le receurent a-
vec un appareil ſomptueux, que nous n'a-
vons pas deſſein de décrire ici. Nous dirons ſeulement qu'entre les Emblemes qui
ſe voyoient dans la magnifique ſalle où il
fut receu, il y avoit un lis des feuilles du
quel tomboient des gouttes d'eau qui au
rapport des Naturaliſtes ſont la ſemence du
nouveau lis, l'aplication en étoit faite par
ces mots *Lacrimorum Prolem*, ce qui ſigni-

fioit, que le Roi Jaques obtiendroit infail-
liblement du Ciel un succeſſeur. Au deſſous
de l'Emblême on liſoit ces deux vers qui
ſont la vraye prophetie de ce qui eſt arrivé par l'interceſſion , ou plûtôt par l'au-
thorité de la Madona de Lorette :

Pro Natis , Jacobe , genus flos candide
   Regum,
Hos , natura tibi ſi neget Aſtra dabunt.

C'eſt à dire :

Grand Roi , ſi tu ne peux avoir de Succeſ-
ſeur par le cours ordinaire de la Nature, poſ-
ſede ton eſprit en paix , il en tomberoit plû-
tôt du Ciel qu'il t'en manquât ; ne ſois en
ſoucy de rien , la Providence y pourvoi-
ra.

Cet oracle n'a-t-il pas été accompli par
la miraculeuſe naiſſance du Prince de Gal-
les ? le temps nous apprendra ce que deviendra ce fils du ciel, ce riche preſent de
la Madona ; juſques ici nous n'avons pû de-
couvrir à quelle fin elle l'a mis au monde.
Il auroit bien mieux valu que la terre qui
a produit cette ſemence , n'euſt point été ſi
bien cultivée, & que le Laboureur l'euſt laiſſée en friché. Perdre trois couronnes, me-
ner une vie de Moine , & recevoir de l'au-
moſne de ſon voiſin ; c'eſt la tout l'avan-
ge que tirent du preſent de la Madona

ceux

ceux dont l'accomplissement de cet Oracle forti de la bouche de la Déesse , *Il sera l'appuy du Royaume & l'honneur de la Religion.*

Fulcrum erit Imperii , Religionis honor.

Mais revenons à Lorette. Il n'y a rien dans ce lieu qui ne soit sacré. On y voit une brique dont un Pape avoit fait present à un Evêque qui bientôt après fut obligé de la raporter pour se delivrer des douleurs dont le ciel l'affligea. Il est permis aux Pelerins de lécher les murailles , mais non de les gratter pour en tirer de la poussiere. On ne permet qu'à la langue , & jamais aux mains de les toucher. Les Pelerins font le tour de cette Chambre à genoux , les uns tournent cinq fois , les autrs sept , & les autres douze , selon le mystere qu'ils cherchent dans le nombre. Chacun tient en se traînant son chapelet , & murmure ses Patenôtres.

Le nombre des Pelerins est si prodigieux à Pâques & vers la nativité de la Madona , que souvent à pareils jours on en a compté plus de deux cents mille. Il n'y a rien si plaisant à voir que les caravanes des Pelerins & des Pelerines; mais nous renvoyons le Lecteur aux relations des voyageurs , ceci nous meneroit trop loin.

Nous

Nous finirons cette avanture par la chambre du Tresor.   C'est un lieu spatieux ou il y a dix sept grandes armoires à double battans qui en lambrissent les murs. La voute de stuc à compartimens dorez & enrichis de belles peintures.   L'Argenterie n'est pas digne d'entrer dans les armoires ,   on la bannit dans des lieux écartez, où l'on l'entasse confusement, jusqu'au premier besoin. Ces armoires ne sont donc remplies que de pur or, de piereries distinguées ,   de vases & d'ornemens plus pretieux que l'or. Le détail n'en est pas possible,   cela surpasse l'imagination. N'en soyez pas surpris ; car depuis quatre cents ans,   les Princes & les Peuples Papistes y ont apporté des richesses immenses, & ont visé à se surpasser les uns les autres.   Les Trônes fournissent continuellement des sommes prodigieuses, rien n'y manque en un mot ; c'est une affluence de tous biens. Il y a même de bonnes caves pleines d'un vin delicieux.   Mr. Maximilien Misson fut conduit sous une voute, où il vit cent quarante grosses tonnes remplies des meilleurs vins. Ne me demandez pas ce que l'on en fait.   Ne sçavez vous pas que la Madona boit & mange toutes les offrandes des Romains, comme faisoit autrefois le Dieu Bel celles des Babyloniens? Que devenoient ces douze mesures de farine, ces quarante brebis , ces six grandes mesures de vin, que le Roi & le peuple mettoient tous les jours devant Bel ? Vous le sçavez,

la

la trofiéme addition de Daniel vous l'apprend. Voilà juftement ce que deviennent ces cent quarante groffes tonnes de vin, que l'on voit dans les caves de la Déeffe de Lorette. La Madona les boit comme Bel mangeoit ces douze mefures de farine & ces quarante brebis, & beuvoit ces fix mefures de vin. Encore une fois en a-t-on jamais tant fait au Dieu de la Meffe? l'image de la Madona, fa chambre, fes veftemens, toutes les moindres chofes qui lui appartiennent à Lorette, ne reçoivent elles pas même plus d'adorations, que toutes les Hofties du monde? Qu'on nous faffe voir un Papifte qui ait autant de confiance en ce petit Dieu, que des millions de peuples en ont en la Catin de Lorette : Mais voyons la encore s'élever des Trônes au préjudice du même Dieu.

Le Monferrat eft encore un lieu où cette Dèeffe fait tous les jours des Miracles auffi bien qu'à Lorette : Et l'avanture qui lui à donné du credit en ce païs-là, n'eft pas moins admirable que celle des quatre tranflations de la chambre de Lorette, nous dirons la chofe en deux mots.

Un Comte de Barcelonne avoit une fille extremement belle qui fut poffedée du Diable, le Comte mena fa fille à un bon Hermitte nommé Frere Jean Guerin, afin qu'il exorcifaft le Demon. Le bon Saint le fit, & de peur que le Diable revint, il perfuada au Pere de lui laiffer fa fille pendant quel

ques jours jours, à quoi le Comte confen-
tit.   La pauvre fille étant demeurée feule
avec le Frere ,   il en devient éperduëment
amoureux, il la viole, & il la tuê enfuitte
à la follicitation du Diable deguifé en Moine.

Ce malheureux, après l'avoir enterrée, ne
pût longtems étouffer les remords de fa con-
fçience, qui lui faifoit fans ceffe entendre la
voix du fang innocent qu'il avoit répandu;
pour fe décharger de fon fardeau , il court
à Rome , il fe confeffe au Pape qui pour
penitence lui ordonna de retourner au Montferrat fur les mains & fur les pieds comme
une bête, & de garder un profond filence
fans jamais fe lever droit fur fes pieds, jufqu'à ce qu'un enfant de trois à quatre mois,
lui dit qu'il fe levaft & que Dieu lui avoit
pardonné fon peché.   Sept ans après,   le
Pere de la morte, chaffant dans le même
lieu, trouva Frere Jean Guerin dans une
Caverne, velu comme un ours, on le prit,
on l'enchaîna comme s'il eut été quelque
monftre, & on le mena au Château de Bar-
celone.   Quelques jours après, le Comte
traitant fes amis pour un enfant qui lui étoit
nouvellement né ,   fit amener le monftre
dans une grande falle pour divertir la compagnie ; le petit enfant, à l'occafion duquel
on faifoit la fefte, fe trouva dans cette falle entre les bras de la nourrice, & venant à
regarder fixement cet homme à quatre pieds,
il lui adreffa diftinctement ces paroles :
Fre-

Frere Jean Guerin leve toy sur tes pieds, car Dieu t'a pa donné tes péches. A ces mots Jean se leve, il parle, & raconte toute l'histoire au Comte. Le Comte lui dit, qu'il lui pardonnoit puis, que le Ciel lui avoit pardonné; mais qu'il le prioit de lui dire, où il avoit mis le corps de sa fille. Jean le conduisit au lieu où il l'avoit enterrée; on ouvrit la terre, & on trouva la Demoiselle vivante, & aussi belle que jamais. On remarqua seulement un petit filet rouge à l'endroit ou son corrupteur lui avoit coupé la gorge. Elle parla, & dit que la Madona à laquelle elle s'étoit voüée, lui avoit conservé la vie. Aussi-tôt on batit dans le même lieu un Convent dont la Princesse ressuscitée fut Abbesse à Jean Guerin le Confesseur.

Enfin pour achever de rendre ce lieu plus celebre, la Madona laissa tomber du Ciel dans une grotte voisine une statüe qui la representoit. La lumiere que cette Image répandoit de toutes parts, & la Melodie des Anges qui se fit entendre dans cette caverne firent découvrir le present du Ciel. On tira la statüe de cette caverne; mais quand elle fut dans le lieu où la fille du Comte avoit été enterrée, elle se rendit si pesante, qu'on ne pût la porter plus loin : On vit bien ce que cela vouloit dire. On bâtit là, une Chapelle à la Madona outre le Convent qu'on lui avoit déja consacré, & depuis ce tems-là il s'y est fait un nombre infini de miracles.

Ce

Ce lieu qui étoit auparavant un desert affreux est devenu accessible, c'est maintenant
un agreable sejour; les Pelerins y accourent
de toutes parts aussi bien qu'à Lorette , &
la confiance qu'ils ont en cette Image de la
Madona , surpasse infiniment celle qu'ils ont
au Dieu de la Messe. La chose n'est pas
difficile à croire , a-t-on jamais veu ce Dieu
conserver pendant sept ans la vie à une fille
decapitée & ensevelie dans un sepulcre, ou
faire descendre des Images du Ciel ? Si
donc la Madona en fait plus que lui , il
ne faut pas qu'il trouve mauvais qu'on
l'abandonne pour servir cette Déesse.

Liesse est encore un lieu fameux par les
miracles continuels dont la Madona l'hono-
re. La maniere dont elle s'est établie là,
est encore une drole d'avanture. Du tems
des Croisades trois Gentilshommes Picards,
furent faits prisonniers au grand Caire; u-
ne des filles du Sultan d'Egipte les allant
visiter, leur demanda un portrait de la Madona ; pas un d'eux ne sçavoit l'art de
peindre. Cependant il y en eut un qui le
lui promit.

Il se met en priere, il appelle la Madona à son secours, elle répond , elle vient,
elle se presente à lui, & lui donne elle même son Image, lui épargnant la peine de
le faire. La Princesse informée du miracle, adore la Madona, & ayant trouvé le
secret de mettre les captifs en liberté, dans
le dessein de se sauver avec eux, elle réüssit
sous les auspices de la Déesse. Elle passe

avec eux un bras de mer ,   après quoi ils
s'endorment dans un bois fous un épais
feuillage ,   & à leur reveil ils fe trouvent
en Picardie près d'une fontaine , où ils fe
rafraîchiffent.   Le bruit de cette tranfla-
tion attribué à la Madona , & de la con-
verfion de la Princeffe d'Egypte, caufée par
l'Image apportée du Ciel , s'étant répandu
par toute la France , on bâtit près de cette
fontaine une Eglife que l'on dédia à la Madona , & le pauvre Dieu de la Meffe fut
une des victimes qu'on lui immola.

Nous ne finirions jamais s'il falloit parcourir toutes les avantures qui ont con-
tribué à rendre la Madona plus recommandable que le Dieu de la Meffe. Si nous
voulions porter nos Idées à Cracovie, n'y
trouverions nous pas auffi une Image de la
Madona qui eft bien plus prétieufe aux
Polonois, que toutes les oublies divinifées
de leur Royaume ? C'eft cette fameufe I-
mage du Monaftere de Kiow qui parla à
Hiacynthe Moine Jacobin ; indignée de ce
que ce Pere ne fongeoit qu'à fauver de la
fureur des Tartares, un Cyboire plein de
Dieux , elle lui dit : *Quoi! mon fils Hyacin-*
the, tu t'enfuis pour échaper des mains des
Barbares & tu me laiffes avec l'enfant que je
tiens , pour être brifée , mife en pieces,
foulée aux pieds ! prens moy donc avec toy
& me fauves ? Hyacinthe fans s'émouvoir
répond à ce marbre parlant : *O glorieufe*
Vierge, tu es trop pefante, comment pourrois-

je t'emporter ? Le marbre répond, *prens,*
ne crains point, je te soulagerai, & dimi-
nuerai le fardeau Hyacinthe obeit. Il tra-
verse l'armée des Tartares sans être veu,
il passe même un fleuve à pied sec & arrive enfin à Cracovie avec l'Image.

Cette histoire est si veritable qu'il n'y
à que six ans, que nous nous en servimes
pour embellir le Panegyrique de Hyacinthe, que nous fumes priez de faire le jour
de la fête chez les Jacobins de Troye en
Champagne. Vous pouvez bien vous ima-
giner, que nous n'aurions point allegué ce
miracle, si nous avions eu des auditeurs
incredules, qui s'en fussent raillez. Les
Peres Jacobins nous sçeurent si bon gré
de n'avoir point oublié ce bel endroit de
la vie de leur Saint, qu'ils nous donnerent du meilleur de la Cave. Pour nous
en témoigner plus autentiquement leur
reconnoissance, ils nous donnerent le jour
de Saint François nôtre bon Pere, un ha-
bile homme, qui dans le Panegyrique qu'il
fit de ce grand Saint, n'oublia pas non
plus les femmes de Neige.

Si nous voulions encore voyager en Espagne nous verrions à la Guardelouppe,
une Image de la Madona, dont une vache
a accouché : La vache parla, le bouvier
étonné la frapa, le coup fut si violent
qu'elle fit une fausse couche. Peut-être que
si elle avoit atteint son terme, elle auroit
accouché de la Madona elle même, au lieu
qu'elle

qu'elle ne mit au monde qu'une image.
Cependant cet accouchement a paru si éton-
nant, (aussi l'est-il) que ce lieu est devenu
fameux par le concours des Pelerins qui
y viennent de toutes parts sacrifier le Dieu
de la messe aux pieds de la statuë, née
d'un façon si miraculeuse. Il ne faut pas
douter qu'il n'y ait aussi dans le même lieu
quelques Reliques de cette sainte Vache.
Le Papisme en adore un grand nombre
qui ne le merite pas d'avantage. C'est de
Monsieur de Marolles, homme fort savant
& bon Catholique que nous tenons cette
charmante avanture; elle se lit dans son
Traitté de l'honneur qui se rend aux Images. Mais ne sortons point de nôtre siécle
pour trouver des avantures par le moyen
dequelles la Madona a presque entierement
dégradé le pauvre Dieu de la Messe. La
ville de Neubourg nous en fournit une toute nouvelle.   Nous en appellons à son témoignage, qu'on la consulte & qu'on sache d'elle si ce que nous allons dire, n'est
pas vray.

Il n'y a personne qui n'ait ouï parler de
Marc d'Aviano Capucin, ce grand faiseur
de miracles qui est mort depuis peu à Vi-
enne, c'est de cet homme là, dont la Madona se servit, il y a quelques années à Neubourg, pour se rendre en ce païs-là, plus
recommandable que le Dieu de la Messe.
Ce grand Saint, ce bon Apôtre entrant dans
l'Eglise de St. Pierre, apperçût dans un

F

coin

coin, une vieille Madona de bois, qui é-
toit toute eftropiée & chargée de pouſſiere ;
le zele le faiſit auſſi bien que la douleur de
voir l'image de la Déeſſe dans un ſi mauvais état ;   il ſe jette de ſon long contre
terre, il pleure, il gemit, il lamente, &
fait amande honorable pour la ville. L'I-
mage charmée de trouver cette occaſion
pour ſe ſignaler, répondit aux larmes dû
bon Pere, par un ſouris, & par un mouvement de ſes yeux. A ce ſpectacle, il cria,
Miracle, &'proteſta avoir veu le prodige de
ſes propres yeux. Quelques vielles femmes
qui ſe trouverent dans l'Egliſe furent ravies
de pouvoir dire qu'elles avoient été témoins
de la choſe, & qu'elles l'avoient veüe, tout
de même qu'avoit fait le Capucin. Toute
la Ville accourut au miracle. Les Magi-
ſtrats l'authoriſerent. Le Clergé vint à St.
Pierre en Proceſſion, & après avoir debar-
boüillé la ſtatuë, on ôta le Dieu de la Meſſe
de deſſus ſon autel, & l'on mit en ſa place
la Madona. Depuis ce jour là, elle a fait
des miracles par millions. Les Princes &
les peuples l'accablent de preſens, & ſi elle
n'étoit pas bien gardée, le grand nombre
de Pelerins qui viennent l'adorer, la met-
troit en pieces pour en emporter quelques
parcelles.

Un bon Catholique qui croit fortement
la tranſubſtantiation, ne peut pas manquer
d'être ſcandalizé, de voir ainſi degradé ce
qu'il adore comme le Dieu Souverain, mais
quand

quand il fçaura, que les Jefuites de Paris ont effacé le nom de Jefus, pour mettre en fa place celui de Loüis XIV. il ne doit pas regarder cela comme un attentat. S'il y avoit là dedans du Crime, les bons Peres Jefuites n'auroient jamais fait une chofe à peu prés femblable à l'avanture de Neubourg.

Car enfin la Madona eft une Déeffe, & Loüis XIV. n'eft qu'un homme. Si donc les Jefuites ont peu fans crime effacer le nom de Jefus, & écrire en fa place celui du Roi de France, quel grand crime ont peu commettre les Neubourgeois, en mettant la Madona en la place d'un petit Dieu, qui n'eft âgé que de 4. où 5. cents ans? Mais eft-il bien vray, me dira un bon Gatholique Rom. que les Reverends Peres Jefuites, ont fait ce que vous dites? Si cela eft, je n'ay rien à dire aux Neubourgeois. A Dieu ne plaife que nous en impofions à de fi faintes Perfonnages, toute la France à ouï parler de ce procedé. Le fait eft notoire. Nous ne le citons pas pour le prouver, mais feulement par voye de comparaifon, pour diffiper un fcandale mal fondé ; en tout cas fi quelqu'un doutoit de la chofe, il peut l'apprendre par ces deux vers Latins qui ont couru toute la France.

Fuf-

Sustulit hinc Jesum , posuit que insignia
Regis ,
Impia gens , alium nescit habere Deum.

Cela veut dire, que la sainte Societé des Je-
suites a ôté de dessus la porte de leur College , le nom de Jesus , pour y mettre le
nom & les lis du Roi qui est le seul Dieu
qu'elle adore.

Mais enfin pour finir ces avantures qui
font infinies, je ne veux pas aller plus loin
que mon propre païs, j'y en trouve une assez curieuse & qui merite bien d'avoir place parmy les autres , puisqu'en ce païs-là,
elle a aussi contribuë à rendre la Madona
plus recommandable que le Dieu de la Messe. A quelques milles de la mer à trois lieües
de la ville de Caën, Diocéze de Bayeux,
un Berger s'apperçut qu'un de ces moutons
grattoit sans cesse au lieu où il paissoit.
Le berger ouvrit aussitôt la terre , & trou-
vant dans ce lieu une image de la Madona;
il cria, *miracle !* On là vint prendre avec
solemnité , on voulut lui donner place sur
l'autel de la Paroisse , mais quelque violence qu'on lui fit pour la retenir , elle s'e-
chapoit toûjours & alloit se planter dans
le lieu où on l'avoit découverte. Enfin on
lui bâtit là , une Chapelle que l'on a ag-
grandie de tems en tems. Le grand nombre

bre des Pelerins qui y accourent de toutes
parts, y a attiré tant de monde qu'il s'y est
formé insensiblement un espece de gros
bourg, qui se nomme *la Delivrance*. Il
n'y a point de miracle qui ne s'y fasse. On y
a même veu cette image descendüe du Ciel,
ressusciter des enfans morts. La Madona
par cet artifice s'est si bien accreditée, que
toutes les Paroisses & tous les Convens de la
ville de Caen & des environs y vont tous les
ans en Procession. A la moindre necessité
publique dont on est pressé, on laisse là le
Dieu de la Messe, & l'on court à la *Delivrance*, tous les Prêtres des lieux circonvoi-
sins ne croiroient pas que ce Dieu pût leur
faire aucun bien, s'ils n'alloient tous les
jours le sacrifier aux pieds de l'image découverte par le mouton. Il est vray que la
Madona les recompense bien de l'honneur
qu'ils lui rendent, car elle leur fait donner
huit sols de chaque Messe qu'ils disent chez
elle, au lieu qu'ils n'en auroient peut-être
rien chez eux.

Nous parlons de ceci par une triste ex-
perience, pour avoir non seulement été sur
le lieu, & avoir veu cette image miraculeuse, mais même pour nous être malheureu-
sement prosternez devant elle, & avoir ce-
lebré la Messe sur ses autels. Comme nous
l'avons fait par ignorance, misericorde nous
a été faite, & par la grace de Dieu nous
sommes ce que nous sommes dans le tems
que nous étions dans ces lieux là. Le mira-

cle

cle qui y arriva, fut, difoit-on, que la Madona avoit fait parler une femme. Les devots en faifoient grand bruit, mais les Huguenots & bien d'autres difoient avec raifon que le miracle auroit été plus grand fi elle l'avoit fait taire.

Nous terminerons les avantures de la Madona par un avertiffement falutaire à tous fes devots. Tout ce que nous avons raporté prouve fuffifamment qu'elle merite leurs hommages préferablement à toute autre Divinité. Apprenez, ô Romains, que vos plus grands Papes ne fon pas même difpenfez d'abbaiffer leurs thiares devant les fimples réprefentations de cette Déeffe. & qu'ainfi fi vous manquez de refpect à fon égard, elle fçaura bien fe venger du mépris que vous aurez pour elle. Une avanture qui arriva un jour au Pape Gregoire va vous inftruire de vôtre devoir. Ce Pape paffant devant l'image de la Madona qui eft à Rome en l'Eglife de St. Cofme, fans lui faire la reverence, elle le gronda vivement, & lui fit connoître qu'elle fe fentoit piquée au vif. Cette avanture eft exprimée fort au long dans les vers fuivans que Rome a laiffé à la pofterité pour l'inftruire amplement de la chofe. Les uns les attribuent à l'Abbé Joachim, les autres au vénérable Bede.

L'Image à Gregoire

Heus tu ? quò properas temerarie
Claviger ? heus tu ?
Siste gradum.

C'est à dire

Où cours-tu si vîte, temeraire porteur des Clefs,
arrête-là.

Gregoire à l'Image.

--- quæ reddita vox mihi percutit aures ?
Quis Cœli Regis me sceptra vicesque gerentem
Impius haud dubitat petulanti lædere lingua?

C'est à dire,

Qu'est-ce que j'entens, & qui est l'impie
assez hardi pour parler d'une maniere si
insolente au Vicaire & au Viceroy du Souverain arbitre de l'univers ?

L'Image à Gregoire

Siste gradum , converte oculos , venerare
vocantem.

C'est

C'eſt à dire.

Arrête , encore une fois , tourne les yeux vers la Déeſſes , qui t'appelle & lui rend tes hommages.

Gregoire à l'Image.

O mirum! ô Portentum! effundit Imago lo-
*   quelas.*
(at forte illudunt ſopitos ſomnia ſenſus)
Me ne vocas, ô effigies? hanc labra moventem
Nomen, Imago, tuum liceat cognoſcere.

C'eſt à dire

O merveille ! ô prodige! une image parle! (mais quoy n'eſt-ce point que je rêve) eſt-ce bien vous qui m'appellez , Madame la Sta-tuë ? ouy certainement c'eſt elle, car je la vois remuer les levres & branler la tête. Que demandez vous donc Image ? voudriez-vous bien avant toutes choſes avoir la bonté de me dire vôtre nom?

L'Image à Gregoire.

Mater
Sancti tui Domini, tibi ne eſt ignota, Gre-
*   gori?*
Virgo Parens ignara tori, tactuſque virilis,
*   Ex-*

*Regia progenies, Rosa mystica, fœderis arca
Excelsi Regina poli, domus aurea, sponsa
Tonantis.
Justitiæ speculum, & Clypeus, Davidica tur-
ris
Janua Cœlorum, tibi ne est ignota Gregori ?*

C'est à dire,

Comment Gregoire ne connoissez vous la
mere de vôtre Souverain? quoy la Vierge divinement féconde, la fille de David, la
Rose mystique, l'Arche d'Alliance, la Reyne
des Cieux, la maison d'or, l'Epouse de celuy
qui fait gronder le tonnerre, le miroir & le
Bouclier de la justic, tour de David & la
Porte du Ciel, vous seroit elle bien inconnuë
Gregoire?

Gregoire à L'Image.

*Ignare veniam concede, insignis Imago
Virgo Maria prius, nunquam mihi visa lo-
quentem,
Nunquam te prius audivi : quis talia vi-
dit?*

C'est à dire,

O charmante Image, je supplie vôtre grandeur

deur de me pardonner une faute que j'ay commise par ignorance. Jusques ici je n'avois jamais veu la vierge Marie, & pour ce qui est de vous je ne vous avois jamais entendu parler. Et en effet qui auroit crû qu'une Image pût parler, je ne crois pas que personne ait jamais rien veu de semblable.

L'Image à Gregoire

Parco lubens : post hac sed reddere verba salutis
Debita, mente tene. Quo te nunc semita ducit ?

C'est à dire.

Pour cette fois je vous pardonne, mais soyez plus respectueux à l'avenir, & vous souvenez de ne passer jamais devant moy sans me rendre l'honneur qui m'appartient , mais où allez-vous Gregoire ?

Gregoire à l'Image

Supra altare tuum, missam celebravit odoram
Presbiter Andreas, animam liberavit, & ecce
Impatiens semi cocta jacet prope limina clausa
Gurgitis : illa viam petit a me.

C'est

C'eſt à dire

Madame, le Preſtre André a dit une Meſſe ſur voſtre autel par la vertu de laquelle il a obtenu du Ciel la delivrance d'une ame du Purgatoire ; mais comme j'ay moy ſeul la puiſſance de lier & de délier, elle attend de moy que j'aille briſer ſes chaînes, & la mettre en liberté. Souffrez Madame que je coure à ſon ſecours, car cette pauvre ame toute grillée, m'attend à la porte de l'abyme

L'Image à Gregoire.

Perge Gregori.

C'eſt à dire,

Allez Gregoire, allez, pourſuivez vôtre chemin.

Cette avanture fait aſſez connoître combien il eſt important d'adorer la Madona Romaine, ſi vous y manquez , vous en ſerez grondez comme le Pape Gregoire.

Nous finiſſons icy les avantures de la Madona , & nous avertiſſons le Lecteur que ce que nous en avons raporté n'eſt
qu'un

qu'un recüeil fort abregé.

Il y en a bien d'autres en la legende dorée, en le Pere Craſſet, en Mr. de Marolles, en Ceſaire, & généralement dans tous les livres que les Docteurs Romains ont mis au jour pour accréditer le culte de leurs Divinitez.

Nous laiſſons maintenant à chacun la liberté de porter tel jugement qu'il lui plaira ſur ces avantures de la grande Deeſſe de la nouvelle Rome, nôtre Style publie aſſez ce que nous en penſons, il n'eſt pas beſoin de nous exprimer plus clairement.

CHA-

CHAPITRE VIII.

Les avantures de François d'Assise fondateur de l'ordre des Cordeliers, Capucins, Recolez & Penitens.

CE nouveau Dieu prit naissance sur la fin du dousiéme Siecle à Assise en Italie. Il fut premiérement nommé Jean, mais dans la suite il fut nommé François. Ce changement de nom ne fut pas une des moindres avantures de sa vie; puisque ce fut le Ciel qui s'en méla Ce nouveau nom lui fut donné pour être à la posterité un monument eternel du miracle que Dieu fit en sa faveur, en lui inspirant la langue Françoise, qu'il parla aussi bien que l'Italiene sans l'avoir jamais etudiée. II. Le nom de François étant autrefois un nom de Franchise & de liberté, & non pas un nom d'esclavage, comme il est aujourd'hui, il fut un presage que François étoit envoyé du Ciel pour briser les chaînes de ceux qui étoient esclaves de Satan & pour leur don-

donner la liberté. III. Les François étant gens guerriers & magnanimes, le nom de François fut une Prophetie du courage futur de ce second Hercule en fait de milice spirituelle. IV. Le St. Esprit en subſtituant le nom de François en la place de celui de Jean, voulut faire alluſion à de certaines coignées que l'on portoit autrefois à Rome devant les Conſuls en ſigne d'honneur & d'épouvantement, lequelles coignées on nommoit, *François:* Par cette alluſion, le St. Esprit vouloit prédire que François jetteroit un jour la terreur & l'épouvante dans l'enfer, & qu'il ſera adoré des hommes. La Legende dorée nous donne bien d'autres etymologies de cet illuſtre nom; mais nous ne jugeons pas à propos de nous y arrêter plus long tems.

Ce bon Apôtre vécut juſqu'à l'âge de vint ans dans un grand libertinage. Son Pere qui étoit Marchand, ne s'accommodant pas de ſes debauches, le maltraita & le mit à la Porte. Lui ne ſçachant que devenir, ſe mit à faire du fou, ou, comme quelques uns s'expriment, *du beliſtre*, & par cet artifice, il trouva le moyen de devenir un des Dieux de la nouvelle Rome. Ce qu'il y a de ſurprenant, c'eſt que le Ciel ſelon les legendaires, fut tellement d'intelligence avec ce beliſtre, qu'il lui fut revelé, que ſes folies ne lui feroient pas inutiles; mais qu'au contraire, elles lui attireroient les hom-

hommages & les adorations des hommes: De sorte que devenu Prophete auſſitôt que beliſtre, il prophetiſa lui même ſa grandeur future. Ce fut dans le fond d'un cachot & chargé de chaînes, qu'il prononça cette prophetie. Les Peruſins l'avoient empriſonné avec pluſieurs autres malfaiteurs: Tous les compagnons de ſa diſgrace pleuroient amérement, dans la crainte qu'ils avoient d'être ſuppliciés: Lui au contraire chantoit & ſe reioüiſſoit. Les autres priſonniers admirant ce procedé, 'ne purent s'empêcher de lui en témoigner leur ſurpriſe ; mais ils furent bien plus ſurpris, quand il lui entendirent faire cette réponſe: *Sçachez, mes Freres*, leur dit il, *que je me réjoüis, de ce que je ſerai un jour adoré de tout le monde.* Voila une prophetie, nous en verrons bien-tôt l'accompliſſement.

Errant par le monde & ne ſçachant que devenir , il s'aviſa d'entrer dans l'Egliſe de St. Damien à Rome , & là ſe proſternant devant un crucifix, il le conſulta ſur ce qu'il avoit à faire. Le crucifix lui fit entendre ſes oracles,& lui dit, *François va & refais ma maiſon qui eſt toute detruite comme tu le vois.*

Il prit ces paroles à la lettre. Il ſe mit à faire le maçon & à reparer les brêches d'un temple qui tomboit en ruine. Il fallut d'autres oracles plus clairs & moins équivoques pour lui faire comprendre, que la maiſon qui periſſoit & qu'il devoit reparer

parer étoit l'Eglise Romaine. Apparemment qu'en ce tems-là, cette Eglise ne
passoit pas pour infaillible; car ce qui est
infaillible ne peut perir, & par conséquent
n'a pas besoin de reparation. C'est sur ce
principe que Rome raisonne aujourd'hui
quand elle rejette la Réformation.

Quoiqu'il en soit, du tems de François
cette Eglise qui est aujourd'hui infaillible,
étoit tombée dans une prodigieuse déca-
dence; elle étoit *toute détruite*, lui dit le
crucifix, François fut envoyé pour la reparer, nous allons voir ce qu'il fit pour
cela.

La premiere chose qu'il fit pour refor-
mer le Christianisme Romain, ce fut de com-
mencer par lui même cette réformation en
se détachant entiérement de toutes les choses du monde. Il ne lui restoit presque
rien : Son Pere l'avoit declaré fou & lui
avoit ôté tout l'argent qu'il pouvoit avoir.
De ce côté-là il n'avoit rien à craindre.

Il n'avoit point de thresor où il pût en-
sevelir son cœur. Mais cette pauvreté ne
lui parût pas encore assez extrême, il crut
qu'il la falloit pousser plus loin. C'est pourquoi pour faire connoître à son Pere que la
perte de son argent lui étoit peu sensible,
il se presenta devant lui avec un visage gai
& content, & là se dépoüillant nud sans
honte ni confusion, il lui laissa ses habits,
& prenant seulement une haire sur lui, il
s'en

s'en alla à l'aventure comme un cheval écha-
pé qui a rompu sa bride & n'a plus rien qui
l'arrête. La chose parut vsiisible à son propre
frere, que le voyant ensuite trembler de
froid au cœur de l'hyver, il ne put s'em-
pécher de le railler en lui demandant combien il vouloit vendre *une denrée de sa sueur* :
Mais le belistre sans s'emouvoir, lui aprit
que Jesus-Christ étoit son marchand, & que
ce seroit à lui qu'il la vendroit. Voilà François reformé, il va maintenant penser à re-
former les autres. Après cela l'Eglise détruite sera reparée.

Vous-vous attendez peut-être à voir tous
les Papistes montrer comme lui leur vergongne, & faire consister comme lui la perfection Chrêtienne à montrer sans honte,
ce que la Nature veut que l'on cache. Peut-
être auroit-il été assez fou, pour vouloir e-
riger cette impudence en tître de Sainteté,
s'il avoit prevû pouvoir reüssir dans son dessein : Mais sa folie ne l'aveugla pas jusqu'à
ce point, que d'oser l'entreprendre. Que
fit il donc? Enfin il se vêtit d'une robe vile,
abjecte, dechirée, il se ceignit d'un lien
de vache & prit des sandales à ses pieds : A-
vec cet équipage d'un Gilles le Niais il court
le monde, il prêche, il fait des miracles &
aussi-tôt les pécheurs se convertissent, les
Anges se réjouïssent, les Demons fremis-
sent, sa renommée se repand par tout. Le
nombre infini de ces sages, dont parle Salo-
mon, le suit & le reconnoit pour son Apô-
G tre.

tre. Il fait une régle ;   Innocent III. la con-
firme , & en peu de tems la terre ſe couvre
de nouveaux capuchons, on ne voit dans
les villes & dans les campagnes qu'hommes
& femmes encoqueluchonnez d'une façon
bizarre ,   habillez à la harlequine , ceints
comme des ânes , montrant leurs pieds &
leurs jambes nües ,   portant la bezace ſur
leurs épaules , mandiant leur pain , conſa-
cratt l'oiſiveté , & faiſant de la Religion u-
ne vraye ſingerie.   C'eſt ainſi que Rome
détruite fut reparée. Voilà les ſolides & admirables fondemens de ſa Reformation :
Depuis cet heureux tems ,   elle n'eſt plus
tombée en decadence , elle a été infaillible:
François lui a obtenu ce Privilege , elle ne
peut le perdre.   Anatheme donc à Calvin
& à Luther : Leur pretenduë Reformation
eſt une impoſture : Pendant qu'il y aura des
enfans de St. François ſur la terre , l'infailli-
bilité Romaine ſubſiſtera.

  Voilà donc nôtre beliſtre reconnu pour
grand Reformateur, pour Prophete, pour
Patriarche d'un nouvel ordre :   C'eſt-là le
prix & la recompence de ſes folies , voyons
ſi par les mêmes moyens il pourra ſe ſoûte-
nir dans un poſte éminent.

  Il eſt certain qu'il fut toûjours le même , ſi on peut croire de lui , ce que
nous en racontent le livre des Conformitez , les Annalles de ſon ordre , la
Legende dorée , & mille autres ouvrages.
On s'imagine quelquefois que le froc éteint

les

les flammes de la concupifcence ; mais cela
eft fi peu vrai, que le grand St. François lui
même, auroit brûlé mille fois, s'il n'avoit
imaginé un remede efficace contre les tentations de la chair. Si la Madona avoit été
amoureufe de lui, comme elle le fut de Dominique, elle lui auroit été d'un grand fecours ; mais foit qu'il n'euft pas affez de
charmes pour elle, foit qu'il fit difficulté
d'être rival d'un ami qu'il aimoit, il ne lia
aucun commerce avec la maitreffe de Dominique : Mais par un tour affez ingenieux,
il s'amourucha de certaines maîtreffes,
dont le teint eft à la verité le plus blanc du
monde, mais qui pourtant n'a jamais tenté
perfonne que lui. Du moins ne lifons nous
pas que les Cordeliers s'en foient accommo-
dez. Cet amoureux fortant de fa cellule
tout en feu, va fe plonger dans un mon-
ceau de neige ; de cette neige il en fait des
femmes, les unes pour être fes époufes, les
autres pour être fes fœurs, fes filles, fes fer-
vantes. Il coucha avec toutes, & il les ai-
ma uniquement & fans partage. Cet action
a tellement pleu à *Mere Sainte Eglife*, que
quelques loix rigoureufes qu'elle ait pu-
bliées contre le Mariage des Prêtres & des
Moines ; Cependant en confideration de St.
François, elle ne leur a jamais deffendu &
ne leur deffendra jamais de coucher avec des
femmes de Neige.

Je ne fçai comment on pouvoit en ce tems-
là, difcerner un homme Vierge d'avec ceux

 qui

qui ne l'étoient pas : Cependant on avoit a-
lors ce beau secret.   C'eſt dommage qu'il ſe
ſoit perdu.   Le bon St. François fut apparemment ſoupçonné de quelque intrigue
(car en ce tems-là, comme aujourd'hui, les
Tartuffes ſongeoient à d'autres choſes qu'à
dire leur chappelet.) Le bon Saint pour ju-
ſtifier ſon innocence , ſe mit nud comme
l'enfant qui vient de naître, & en cet état
traverſa la ville d'Aſſiſe , montrant par tout
ſa vergongne pour prouver ſa virginité.   Je
me faits bien de la violence , à rapporter ces
effroyables ſottiſes.   Comment ſe peut-il
faire que Rome les canoniſe & les van-
te ſans horreur , puiſque nous rougiſ-
ſons de les coucher ſur le papier ? J'i-
gnore le fond de ſon impudence : Le ſon-
de qui pourra, mais il faut dire les choſes
comme elles ſont. La violence que nous nous
faiſons , ne ſera peut-être pas inutile.   Ce
recit de ces impertinences, couvrira peut-être quelque Idolatre d'une ſalutaire confuſion.

Les grands Saints ne ſont jamais ſans imi-
tateurs. Il n'en fallut pas davantage que cet
inſigne exemple d'Effronterie, pour mettre l'impudence à la mode, & pour l'eriger
en tître de Sainteté.   Frere Leonard entr'-
autres imita bien-tôt ſon Patriarche.   En
revenant de la campagne à Viterbe, il laiſſa
ſon froc à la Porte de la ville, & s'en alla
nud à ſon Convent en ſe proſtituant à la veuë
de tout un peuple, exprés pour être mépri-
ſé,

sé; & afin qu'on le regardast comme un in-
sensé.

Le Frere Janipere ne poussa guerre moins
loin l'impudence & la folie. Il leut dans l'E-
vangile qu'il falloit devenir enfant pour entrer dans le Royaume des Cieux. Pour
monter à ce haut degré de perfection, il fit
deux choses qui sont ordinaires aux enfans.

I. Il fit dans un beau lit où un hôte l'a-
voit mis coucher, ce que les enfans font dans
leurs langes. On nous entend assez, ne
salissons pas davantage nôtre imagination.

II. Il se fit un devoir & un merite de badi-
ner avec les enfans, & de jouër avec eux à
la bascule. C'est ce Janipere dont l'odeur é-
toit si forte, qu'on la sentoit de 28. milles.
Mais revenons à celui dont il ne faisoit que
suivre l'exemple.

Le grand St. François avoit le talent de
la predication à un degré si parfait & si ra-
vissant, qu'il n'y avoit pas jusqu'aux creatures sans intelligence, qui n'en fussent
charmées. Il alloit prêcher aux oiseaux
dans les bois, & ils s'assembloient autour de
lui, battant des aîles en signe d'applaudisse-
ment. Il alloit aussi prêcher aux poissons
qui aussi-tôt venoient nager sur la superficie
de l'eau, & l'écoutoient la guele ouverte.
Il savoit aussi la musique en perfection ; il
passoit les jours entiers à chanter à un
Rossignol sans faire aucune cacophonie.
C'est ce qui fait que généralement les Corde-

liers fe piquent de bien chanter : Car on dit *Cordelier en chœur*, comme on dit, *Carme en cuifine*. Ce bon Saint étoit auffi fi humble qu'il faluoit bien devotement les oifeaux, & qu'il appelloit les hirondelles fes feurs, & les loups fes freres.

Un loup furieux devoroit les troupeaux d'un certain village : François alla le trouver, & lui dit, *Mon Frere le loup, je vous deffends d'enlever deformais aucune brebis de ce village. J'y confens de tout mon cœur*, répondit le loup, (car les bêtes parloient en ce tems-là) *Mais grand St., je fuis un animal carnacier, le ciel ma deftiné à vivre de proye, je fuplie vôtre reverence d'y faire reflexion & de faire en forte que je fuis dedommagé d'ailleurs. Il eft jufte*, repartit le St. *fuivez moi, je vous fatisferas*. Le loup fuit fon frere. François le conduit au village, & là, il fut fait un traitté de paix entre le loup & les bergers du troupeau. Le loup d'un côté jura qu'il n'enleveroit à l'avenir aucune bête du troupeau, les bergers d'un autre côté jurerent qu'ils lui fourniroient dequoi vivre. Les fermens faits, les articles du traitté furent écrits & fignez de part & d'autre : Chacune des parties en retint une copie, & l'original fut mis entre les mains du Mediateur. Le traitté ne fut jamais violé.

Ne feroit-il pas à fouhaiter que ce loup euft monté fur de certains thrônes en la place de certains Princes, qui font confifter toute leur gloire dans la violation de leur

parole

parole, de leurs Edits, de leurs fermens de
leurs traittez ?   Je ne fçai fi je me trompe,
mais il me femble que c'eft une chofe in-
ouye & ridicule tout enfemble ,   de loüer
d'une part la bonne foy des loups, & ca-
nonifer d'un autre part la mauvaife foi des
Princes.   C'eft pourtant ce que Rome fait.
Le loup de François eft loüé par elle pour
s'être fait un devoir de garder fa parole &
d'obferver fon traité ,   & plufieurs de fes
Princes font loüez, recompenfez, fantifiez
pour avoir violé impunement toutes les loix
de la nature, de la Societé , de la Religion. Rome, apprends nous donc à te comprendre , car nous ne te comprenons plus.
Quelle eft encore cet autre myftere de ta politique d'ériger d'un côté en tître de zele,
de pieté, de devotion, d'amour de Dieu,
cette barbarie. Antichrêtienne de Charles
IX. des Ducs d'Albe, des Ducs de Montfort,
& de mille autres monftres de cruauté, qui
ont inondé la terre de fang innocent , par
les maffacres d'un fi grand nombre de leurs
femblables , qui n'étoient pas leurs ennemis ; & de mettre de l'autre côté au rang
des plus eminentes vertus , ce refpect
que ton St. François avoit pour les poux
qui tomboient de fes habits ? Refpect fi
grand, qu'il les nommoit *fes freres* , les
ramaffoit avec foin , & les remettoit cha-
ritablement dans fon fein, n'ofant les tuër,
parce que Dieu a dit *tu ne tueras point.*

G 4

Quoi

Quoi donc ? Les poux te font ils plus chers que les hommes ? Se damne-t-on en tuant ceux-là, quoi qu'ils nous incommodent, & se sauve-t-on en tuant ceux-cy, quoi qu'ils ne nous fassent aucun mal ? Mais nôtre emportement est inutile, tu as un front d'airain, tu ne rougis de rien, tu ressembles à cette prostituée dont parle le Sage, qui aprés avoir commis son crime se leve, essuye son visage, & dit effrontement, je n'ai rien fait. Mais passons à d'autres avantures plus remarquables.

C H A-

C H A P I T R E IX.

Suite des avantures de François d'Assise :
Ses stygmates, sa vision dans l'Eglise
de la Portiuncule, ses grands miracles :
&c.

L'Incomparable François qui avoit coûtume de s'entretenir aussi familierement
avec Dieu que Moise, monta un jour sur
une montagne nommée *Averne.* Là il fut
transfiguré comme J. C. sur le Tabor, il
tomba dans une douce extase, il lui sembla
être enlevé jusqu'au troisiéme Ciel comme
St. Paul. Au milieu de son ravissement,
il vit les cieux s'ouvrir, un armée d'esprits
celeste, en sortir à peu près comme un essein
de mouches font de la Ruche pour aller suivre leur Reine. Au millieu de ces esprits
celestes parroissoit Jesus-Christ sous la figure d'un Seraphim crucifié. Ce Seraphim
avoit plus de pudeur que nôtre Saint, car il
avoit six ailes, deux desquelles lui couvro-
ient les épaules & les bras, deux autres le
ventre, les cuisses & les jambes, & les deux
autres lui servoient à voler; car sans cela, il auroit

roit eu le même fort que celui qui voulut s'élever dans le Royaume de la Lune a-
vec des bouteilles pleines de rofée : C'eſt à
dire, qu'il ſe ſeroit donné du nez en terre.

Tous ces eſprits vinrent voltiger autour
de l'extafié; mais le Seraphim crucifié ſe
tenant un peu loin, fit couler de ſon corps
cinq gros ruiſſeaux de ſang, qui vinrent ſe
perdre dans les mains, dans les pieds, &
dans le cœur de François, qui étoit pour
lors ſelon ſa coûtume en poſture de crucifix. Cela lui fit cinq playes qui demeure-
rent auſſi viſibles & imprimées que celles
que les Juifs firent à Jeſus-Chriſt, lors qu'ils
l'attàcherent à la Croix. Voila ce qui
s'appelle *les ſtygmates de St. François.* Tous
ceux de ſon ordre en font une de leurs plus
grandes fêtes. Le jour de cette fête on prêche cette belle avanture, & elle fournit aſſez
de matieres pour faire un beau Panegyrique.
Depuis ce tems-là les armoiries des Fran-
ciſcains ont été une croix ſoûtenuë de deux
bras, l'un nud & l'autre enfroqué. Le
nud eſt celui de Jeſus-Chriſt; l'enfroqué
eſt celui de St. François. Les deux mains
ſont également percées, elles ſont auſſi croi-
ſées, formant une croix St. André, avec une
croix de bois au millieu; & la deviſe la plus
ordinaire de ces Meſſieurs, eſt

Deo homini & beato Francisco
Utrique Crucifixo.

Aux deux Crucifiez J. C. & St. Fran-
çois.

Il faut bien nous donner de garde de revoquer en doute cette myſterieuſe avanture,
& encore plus d'en plaiſanter ; le Ciel a
tant fait de miracles pour la rendre auten-
tique, qu'il faut être un vrai Hugenot pour
ne pas y ajoûter foi, & pour la tourner en ridicule. L'Humilité de ce grand Saint lui
fit câcher ſes playes pendant ſa vie. Il n'y
eut que quelques uns de ſes favoris à qui il
les montra. Mais quand il fut mort & en-
terré, les favoris revelerent le ſecret de leur
maître, ne craignant plus de bleſſer ſon humilité. Sur leur témoignage, ceux qui l'avoient enſeveli ſe perſuaderent qu'ils avoient
vû la même choſe. En douterez vous aprés
cela ? Je ne le croi pas. Mais enfin ſi vous
en doutez, la Legende dorée apprendra
qu'il fut demontré par moult de miracles, que
ces ſignes étoient vrais. Quels ſont ces miracles ? Bon, ils ſont ſans nombre. Un homme mais un homme nommé Roger, (ce
n'eſt pas celui que l'on nommé *Roger bon*
tems) étant en Apulie à genoux devant un
image de St. François, fut aſſez malheureux
pour revoquer ce fait en doute. *Quoi*, dit-
il,

il, *ne fut ce point le Demon qui fit illusion à ce bon devot pour le seduire, ou bien n'y auroit il point ici quelque filouteria monachale! Les Moines sont de fins Diables, ils en sçavent bien long ?* L'Incredule n'eut pas plûtôt prononcé ces paroles, qu'un dart lancé par une main invisible, comme celui qui tua Julien l'Apostat, vint lui percer la main gauche sans percer son gand. Il ôte son gand, il voit sa main percée, une vive douleur lui fait jetter les hauts cris : *Ah! Je croy maintenant,* s'écria-t-il, *les stygmates du benoist St. François.*

Un autre homme fort devot au même Saint, fut assassiné en allant à Complies au Convent des Cordeliers. Il fut meurtri de mille coups de coûteau, & même les assassins lui laisserent le coûteau plongé dans la gorge. Quelques Moines étant venus à lui, virent le coûteau qui se détacha de sa gorge avec impetuosité, *& saillit loin,* dit la Legende dorée, *ainsi comme s'il eut été jetté de la main d'un fort champion.* Qui-est ce qui fit cela? Vous l'allez sçavoir. Celui qu'on croyoit mort se leve. Toutes ses playes disparoissent; on n'en voit aucune. Il impose silence, & parle de la sorte. *Etant prest à rendre le dernier soûpir, j'ai vû le bon Pere St. François qui s'est approché de moy, & a pris du sang de ses stygmates dont il a oint mes playes & m'a gueri. Le bon Saint n'avoit pas apperçu le coûteau qui me perçoit le cœur, mais je le lui ay montré avec la main, & aussi-*
tôt

tôt *le coûteau s'eſt détaché de lui même, & la playe à été fermée.*

Que dites-vous maintenant, eſprits incredules ? Avez-vous quelques repliques? Jeſus-Chriſt a-t-il jamais fait de ſi grands miracles pour confondre l'incredulité de Thomas? Mais nous voudrions, dites-vous, voir la choſe de nos yeux, & la toûcher à la main, comme fit Thomas. Ne peut-on pas nous ſatisfaire ſur ce ſujet? Ne dit-on pas que le corps de François eſt dans une cave tout entier de bout, les bras étendùs, & les yeux tournez vers le ciel? Si cela eſt que les Meſſrs. Cordeliers nous introduiſent dans ce ſacré lieu, qu'ils nous faſſent voir ces ſtygmates, & pour lors nous les croirons. Vous demandez, ô gens de petite foy, une faveur qu'on ne peut vous accorder. Cette cave où repoſe ce ſaint corps, eſt cet Averne dont parle le Poëte, quand il a dit :

Facilis deſcenſus Averni,
Sed revocare gradum, hoc opus, hic labor eſt.

Il eſt facile d'entrer dans ce lieu ; mais la difficulté, c'eſt d'en ſortir. Ne ſavez-vous pas qu'un Pape incredule comme vous, voulut ſous pretexte de baiſer les ſtigmates, les voir de ſes propres yeux, & qu'il mourut dans la même annee ? Si un Pape n'a
pû

pû vivre un an, aprés avoir entré dans ce
faint lieu , pourriez vous efperer de vivre
un moment, veu la difference qu'il y a entre vous & un *Vice Dieu*! Confultez les Francifcains & vous verrez, s'ils ne vous font
pas la même hiftoire, comme ils me l'ont
faite cent fois ? après cela , fou qui s'y
fier ? pour moi j'aimerois autant le croire
que de l'aller voir à ce prix-là. D'ailleurs,
il faut avoir la foy pour eftre fauvé, où il
y a veuë , il n'y a point de foy, ainfi tenons nous en , en ce qu'on à dit , &
chantons avec Rome :

Beati qui non viderunt
Et firmiter crudiderunt,
Vitam æternam habebunt.

C'eft à dire.

Tous les Romains qui n'ont rien veu
Et qui fans rien voir ont tout creu
Seront bien heureux, Lanturlu.

Le mot de *Lanturlu* s'eft trouvé fort à
propos au but noftre plume ; nous ne penfions nullement à faire des vers. Car grace
à Dieu, nous ne fommes point Poëtes ;
mais puifqu'en écrivant de la profe, il nous
eft echapé trois rimes qui expriment la
chofe commè nous la penfions, nous ne
les

les effacerons pas.   On fera paſſer noſtre
verſion pour ce qu'on voudra, ſoit pour
de la proſe en vers, ſoit pour des vers en
proſe ; cela nous eſt indifferent.

L'avanture de la *Portiuncule* n'eſt guerre moins divertiſſante que celle des ſtigmates. Nous devons bien eſtre inſtruits de
la choſe, car il n'y a que ſix ans que nous
fumes obligez malgré nous, de prêcher
ce tour de paſſe paſſe au Couvent des Cordeliers de Troye en Champagne. Ce fut le
Pere Martin Provincial qui nous chargea
lui-même de ce peſant fardeau.   Je me ſen-
tis ſi affligé de me voir aplaudi de toute
la ville, pour avoir, diſoit-on, bien ma-
nié ce ſubjet ſi extraordinaire, que huit
jours aprés, je pris réſolution de partir
inceſſamment, malgré tous les dangers qui ſe
preſentoient en foule àmon imagimation.
Ce que je fis, & graces à Dieu, j'eus
un heureux ſuccez en tout.

Or cette avanture qui fut le ſujet de noſtre Panegyrique eſt telle. *St.* François e-
ſtoit dans un *Couvent* d'Italie, qui ſe
nomme *la Portiuncule* ou *noſtre Dame
des Anges* ; ſe diſciplinant dans ſa cellule, il apperçût l'Egliſe toute en feu.   Il y
court auſſi-tòt, & là il voit une multitude
innombrable d'Anges au milieu deſquels é-
toit la Madona portée ſur des têtes de Se-
raphims. Il ne fallut pas lui dire deux fois
de ſe mettre à genoux, la Madona ne lui
dit rien, car il n'étoit pa du nombre de
ſes tendres amans comme Dominique & le
en

bienheureux Alain : mais son petit Enfant qu'elle portoit sur son bras parla à François en ces termes : *Si tù me vois dans ce lieu, c'est dans le dessein de te combler de faveurs grandes & entraordinaires, je ne mets point de bornes à mes faveurs, demande ce qui flate le plus ton sensible, & je te l'accorderai.* François, aprés quelques complimens, demanda une remission entiere & de la coulpe & de la peine, c'est à dire une indulgence pleniere pour tous les pêcheurs qui entreroient dans cette Eglise & qui s'y confesseroient jeusneroient & communieroient de même. J. Christ lui accorda volontiers cette faveur. Cette demande lui pleut fort. *Ne voilà-t-il pas un bon serviteur,* dit-il à la Madona & à un Ange, *il ne demande ni biens, ni plaisirs, ni honneurs pour lui, ni pour son ordre. Le salut des Pecheurs est ce qui le touche, il n'a point d'autre passion que celle de le procurer. Va trouver mon Vicaire,* dit il à François, *& lui dis de ma part, qu'il t'expedie des Bulles pour l'indulgence que j'accorde à cette Eglise aussi universelle que tu me bas demandée.*

Ces paroles estant prononcées, la scene disparoist, François reste seul au millieu des tenebres, & acheva la nuit en oraison. Dés le lendemain, il va communiquer la chose au Pape dont il fut d'abord rebuté. Ce Pontife consulte les Cardinaux, & tous ensemble traitent le pauvre belistre de visionnaire. *La plaisante Indulgence qu'il nous demande,* disoient-ils entre eux, *& que de-*

vien-

viendroient aprés cela les Indulgences de St.
Pierre & de St. Paul, & de toutes les au-
tres Eglises de Rome ? apparemment que ce
drole a dessein d'attirer à son Convent tous
les Pelerins de l'univers, & de recueillir lui
seul toutes leurs offrandes ! congediez cet in-
sensé saint Pere, & l'envoyez dire son Chape-
let.

Le Pontife le fit ; mais il eut bien-tôt la mortification de rappeller avec honneur celui qu'il avoit congedié avec mépris. Il songea la nuit que l'Eglise tomboit sur lui, & qu'elle l'auroit écrasé, si François ne l'avoit soûtenuë. Il entendit des voix qui le menacerent d'un coup fatal, s'il n'expedioit les Bulles de l'indulgence que J. C. lui même avoit accordée. C'est-là un songe, mais la verité est que le Pape ayant besoin du service des Moines, il y va de son interest, de leur être favorable, sans quoi son Eglise tomberoit bien-tôt en ruine. C'est ce que signifioit le songe, & c'est ce que disoient les voix.

François est donc rappellé, on lui accorde une partie de ce qu'il demandoit, & pour le dedommager, on lui fait un present qu'il ne demandoit pas. J. C. avoit accordé l'indulgence à l'Eglise de la Portiuncule pour tous les jours de l'année ; le Pape la reduit au seul jour auquel la vision étoit apparuë, afin que cela ne portast aucun préjudice aux Indulgences de Rome, & pour dedom-

H

ma-

magement, le Pape de son propre mouvement, accorde la même Indulgence à tous
les Convents du même ordre qui sont ré-
pandus sur la face de la terre. Ainsi depuis
ce tems-là, à même jour, il y a eu Indulgence pleniere dans tous les Convents des
Franciscains. *Cette Indulgence a tous les
Privileges du grand Jubilé. Les Cordeliers
& les autres Francifcains absolvent des pê-
chez les plus enormes, même de ceux qui
sont reservez au Pape moyennant quelques
offrandes, & quelques paternotres on en est
quitte :   Et si on mouroit sur l'heure on
ne verroit seulement pas les flames du Purgatoire ,   bien loin de les sentir.

Ne vous allez pas former des difficultez
sur cet échange que fit la Pape.   Quand il
veut une chose,   il faut que J. C. la veüille
aussi: celui-ci n'a osé se plaindre de rien, tout
ce que celui la ordonna sur cette affaire, à
demeuré fixe.   D'ailleurs J. C. en a été,
dit-on,   bien aise ; parce qu'il n'avoit pas
fait réflexion, qu'en enrichissant un Convent ,   il ruineroit tous les autres au lieu
que les menagemens que le Pape prit , font
également du bien à tous,   sans qu'aucun
ait lieu de se plaindre ou de se glorifier.
Vous voyez par là, que les choses iroient
souvent fort mal, si J. C. n'avoit sur la terre un Vicaire pour le redresser,   quand
il fait quelques beveües,   car ce n'est
pas Jesus-Christ qui est infaillible , c'est le
Pape.   Que

Que dirons nous maintenant des miracles de ce grand Saint? Comme ils font
fans nombre, nous nous bornerons à quelques uns. Marcher fur les lames ardentes,
n'eft pas un grand miracle, ce n'eft qu'un
tour de charlatant, mais faire enfoncer un
fer enflamé dans l'oreille & le pouffer jufqu'à l'œil fans en reffentir aucune douleur,
c'eft cela qui s'appelle un miracle ! Je fçai
bien qu'il y a des charlatans qui fe percent
le corps avec des épées, & fe gueriffent en
24. heures avec leur baume, & que d'autres, font femblant de fe percer, & n'en
font pourtant rien : Mais François fit effectivement ce que nous venons de rapporter,
& ne fentit aucune douleur. Il avoit mal à
un œil, un Chirurgien fe prefenta avec un
fer ardent, & lui dit, que pour être foula-
gé, il falloit qu'il fouffrit une grande douleur. Mais le pauvre Chirurgien ne fçavoit
pas que François fçavoit charmer le feu.
En effet il le charma en quatre ou cinq paroles, *mon Frere le feu*, lui dit-il, *fois moi à
cette heure debonnaire & curable.* Un figne
de croix joint à ces mots, fait perdre fa vertu, de forte que contre la penfée de l'ope-
rateur qui s'attendoit à le voir crier bien
haut, il fut gueri fans fouffrir, aucune douleur.

Le bon Saint étant tombé malade au de-
fert St. Urbain, eut envie de boire un peu

de vin , & il n'en avoit point ; comme les
freres, étoient fort empreffez à en chercher,
il fe fit apporter de l'eau , il la benit, & elle
fut auffi-tôt changé en vin. Vin, qui eut
vraiment bien une autre vertu que celui
des noces de Cana , car le malade n'en
eut pas plûtôt bû qu'il fut gueri.

Quand quelqu'un de fes Moines avoit
commis quelque faute , il faifoit jetter au
feu le Capuchon du criminel : Mais ce n'é-
toit qu'une colere feinte pour intimider le
pécheur : François commandoit aprés cela
au feu de rendre le capuchon & auffi-tôt le
feu le rendoit tout entier, aprés l'avoir reduit en cendre & en fumée. Il prechoit un
jour dans un lieu, ou il y avoit tant d'hy-
rondelles , qu'il ne pouvoit fe faire entendre ; mais il ne fit que leur dire, *mes
feurs les hirondelles , il eft tems que je parle,
vous avez affez caqueté, & auffi-tôt elles fe tu-
rent.*

Un de fes freres voulut relever une bour-
fe pleine d'argent qu'il trouva en fon chemin ; mais François indigné de fon procedé, changea cet argent en ferpent, comme
Moife avoit fait fa verge. Il me fouvient
que quand j'étois enfant, on me faifoit a-
croire, qu'il y avoit des crapaux dans les
œufs pandant le carême, de peur que j'en
mangeaffe. Cela produifoit l'effet que l'on
en attendoit. Je n'en aurois pas mangé pour
une couronne. Ce petit conte de l'argent
changé en ferpent a été inventé à même deffein,

fein ; mais par malheur tous les Françif-
cains ne font pas des enfans , il n'y en a
guerres aujourd'hui, qui laiffaffent une bour-
fe en leur chemin , de crainte qu'il fe trou-
vaft dedans quelque ferpent qui leur fau-
taft au vifage : Les Cordeliers entr'autres
ne feroient pas fi fots ; car il y en a peu entr'-
eux, qui n'aient dequoi payer bouteille à
leurs amis, & celui qui parmi eux craint
que l'argent ne fe change en ferpent, dans
fa poche, paffe pour un imbecile. Que con-
clure.delà ? Que tous ces bons Freres ne croyent guerres mieux que nous , les miracles
de St. François.

Le bon Saint avoit cela de bon qu'il mangeoit de tout ce qu'on lui prefentoit. Un
pauvre le furprit mangeant fa part d'un beau
& gras chappon, & lui demanda l'aumone
pour l'amour de Dieu. A ces mots, *pour
l'amour de Dieu*, François lui donne la moitié du chappon. Ce pauvre étoit un méchant
homme qui en vouloit à François. Que
fait il pour lui jouër piece ? Il garde cette
moitié de chappon, & le lendemain va au
fermont du Saint, & montrant à tout le
peuple cette bonne viande, il dit : *Voyez
Meffieurs, de quels mez fe nourrit, celui que
vous honorez pour Saint*. Mais ce miferable
fut fur le champ puni de fon impertinence.
François le regarde & en même tems,la viande eft changé en poiffon, & toute l'affemblée
ne voyant que du poiffon, prit la chofe en
bonne part, & crut même que cet homme a-

H 3

voit

voit dit cela à la loüange du Saint. Le diable
voulut un jour le précipiter du haut d'un
Rocher ; mais la pierre s'ammolit, & François s'y prit si bien , que le Diable manqua
son coup. Les morts ne lui coutoient
rien à ressusciter. Il tua même un homme exprés pour lui rendre la vie. Il avoit
un secret merveilleux pour chasser le diable: Le frere Ruffin en étoit souvent tenté , il consulta François pour sçavoir ce
qu'il devoit faire ; François lui dit ; *s'il
revient , addresse lui ces paroles , ouvre ta
bouche & stercorisabo in illud.* Le diable
revint, le frere Ruffin se servit du remede,
& lui dit en bon françois *ouvre ta bouche,
& je fienterai dedans*, il n'en fallut pas d'a-
vantage , le pauvre diable court encore. Il
faut avouër que Messrs. les exorcistes qui se
sont vû si embarrassez à chasser les diables
des possedées de Loudun, n'avoient guere d'esprit de s'amuser à leur eau benite à
leurs Reliques, & à leurs Etoles ; le diable se soucie bien de tout cela ! Il falloit se
servir du remede de St. François, & je suis
sur que toutes les possedées eussent été de-
livrées du diable. Un bon, *stercorisabo in
illud*, en auroit plus fait que cent tonne-
aux d'eau benité. Qu'on éprouve le remede, & l'on vera si le diable ne s'en va pas.

L'excommunication fulminée en son nom,
s'étendoit jusque sur les animaux : Ce qui
arriva au frere Rollus le prouve manifeste-
ment.

ment. Ce Frere avoit accoûtumé de se retirer dans un bois pour prier, ce bois étoit plein d'oiseaux qui l'incommodoient dans ses devotions ; pour s'en deffaire, il les excommunia tous au nom de St. François & depuis ce tems-là, on n'en vit aucun dans le bois. Apparemment que ces pauvres oiseaux sont à present dans l'enfer, car toutes les excommunications Romaines damnent les excommuniez. A force de lire, on apprend toûjours quelque chose. Nous ne sçavions pas encore que des oiseaux pouvoient être sujets aux censures Ecclesiastiques ; mais cet exemple nous l'apprend, retenons bien cela. Je ne sçai si ce grand Saint ne seroit point venu en Angleterre pour y excommunier aussi les loups, car on y en voit aucun. Si cela est, ce Roiaume lui est bien redevable.

Tous ces bons Freres faisoient autant de miracles pour le moins que leur maître. Frere André ne fit qu'un signe de croix sur de petits oiseaux tous rotis & servis sur la table, & ils ressusciterent se remplumerent & s'envolerent. Frere Benoit ne fit que souhaitter de voir le tombeau du Prophete Daniel, & voilà un dragon d'une grandeur enorme qui le prend sur la queuë & le porte à Babylone sur le sepulchre de Daniel, & le rapporta ensuite dans son Convent.

A la mort de frere Antoine, les cloches se mirent à sonner d'elles mêmes. Un fre-

re François en difant la Meffe avàlla un ara-
gnée qui étoit dans le calice ; un moment a-
prés, il fe gratte à la jambe, & voilà l'a-
ragnée qui en fort fans lui faire ni playe ni
douleur.

La plûpart de ces Moines avoient pour
clers des Anges qui leur répondoient à
la Meffe. Frere Rodolphe & frere dro-
do eurent cet avantage. Ce dernier a-
voit même un Ange qui lui fervoit de pal-
frenier, & preparoit fes chevaux pour fes
voyages.

Nous mettons tous ces miracles au rang
des avantures de Saint François, parce
que tout cela appartient à l'établiffement
de fon ordre. Tout ce que nous venons
de rapporter eft contenu la dans Legende
dorée en partie, & le tout dans le livre
des conformitez, c'eft-à-dire dans ce dé-
teftable livre où aprés avoir fait un pa-
rallelle de Jefus-Chrift & de François,
on conclud par ce blafpheme, *nihil Chriftus fecit, quod ille non fecit, imo plu-
ra fecit, quam Chriftus.* Chrift n'a rien
fait que François n'a fait, & même celui-ci
à fait plus que J. C.

Mais je ne fçai fi je ne dois point effacer tout ce que je viens de dire, car
entre nous, frere Bertrand me fait
peur. Les Francifcains ne manqueront pas
de prendre ceci pour une perfecution.
(Car

(Car c'eſt perſecuter le Papiſme que de reveler ſa turpitude) or frere Bertrand dit, qu'il lui a été revelé, que tous ceux qui meurent dans l'ordre ſont ſauvez, & qu'au contraire tous ceux qui le perſecutent ſont damnez, & pour preuve de cela, c'eſt qu'un certain Florentin qui avoit decrié cet ordre, eſt condamné à ſouffrir juſqu'au jour du jugement, deux marteaux qui lui battent continuellement & alternativement la tête comme une enclume. Par bonheur pour lui, ce n'eſt-là qu'un Purgatoire, qui doit finir. Cependant je ſerois fâché que ce que je viens de dire, me coutaſt ſi cher. Ne raillez point, me direz vous, un frere ſervant a eu auſſi une revélation ſemblable : Car il dit un jour à frere Gilles, *Ah! frere que j'ai de bonnes nouvelles à vous dire, cette nuit j'ai été conduit en enfer, & je n'y ay vû perſonne de vôtre ordre.* Ah! dit la deſſus frere Gilles, *je le croi bien, je le croi bien.* Et bien puiſque vous ne voulez pas que je raille, je dirai donc comme frere Gilles ; *Je le croi bien, je le croi bien,* & je ſuis à preſent fâché d'avoir vendu mon froc a un fripier de Paris, car il me ſouvient auſſi d'avoir ouï dire aux Cordeliers, que quiconque mouroit ſeulement dans leur habit, ne pouvoit être damné, malheureuſement je ne

pen-

penfai point a cela, car fi j'y avoit penfé, je l'aurois confervé comme une Re-
Relique ; entre nous, je ne croi pas pouvoir trouver ici aucun tailleur qui fça-
che ou vueille faire un tel habit, ainfi
faute de cet habit, je cours grand rifque ; au lieu que fi je l'avois au lit de
de la mort, je ferois auffi bien fauvé
que les Cordeliers; je le croi bien, je
le croi bien.

CHAPITRE X.

Réflexions de l'Auteur sur les Avantu-
res précedentes.

LA premiére reflexion que je faits sur
ces avantures , c'est que je conclus de
là que le Papisme est de toutes les Reli-
gions du monde la plus impertinente & la
plus extravagante. Car ou peut on en trouver une sur la terre, qui soit fondée sur des
fables aussi honteuses & aussi infames, que
le sont toutes celles que nous avons raportées? Les Fables de l'Alcoran de Mahomet
n'en approchent pas. J'ai voulu sçavoir
par moi même, ce que c'étoit que ce Livre qui passe pour Divin presque dans les
deux tiers de nôtre continent. J'ai satis-
fait ma curiosité sur cela. J'ai lû l'Alcoran
depuis le commencement jusques à la fin,
mais il s'en faut beaucoup , que j'y aye
trouve autant de folies & de blasphemes
que l'on en trouve dans les Legendes du
Papisme , lesqu'elles lui tiennent aujour-
d'hui lieu de Bible. Je n'en ay pas seulement

ment trouvé la milliéme partie. L'Alcoran est une ennuyeuse rapsodie & un tissu
mal digeré de Doctrine, de Morale, & d'Histoires. La Doctrine enseigne qu'il n'y à
qu'un Dieu, Createur du ciel & de la terre,
éternel, immense, tout puissant, tout mise-
ricordieux &c. qu'il faut adorer ce Dieu u-
niquement & sans partage : Que ce Dieu
reserve aux bons des recompenses infinies,
& aux impenitens des suplices éternels: Que
Jesus fils de Marie est le vrai Messie le verbe
de Dieu, sa parole, son interprete. La morale de l'Alcoran est la même que celle de
l'ancienne loi de Dieu. Les histoires pour
la plûpart sont tirées de la Bible. Ce qu'un
Chrêtien trouve de mauvais dans l'Acoran,
c'est que Mahomet dit que Jesus n'est pas
Dieu, mais seulement l'envoyé de Dieu :
Ce sont aussi les alterations qui se remar-
quent dans les histoires que ce faux Prophete tire de la Bible, & dont la plûpart
sont impertinentes & visibles : Par exemple Mahomet dit, que la femme de Potiphar ayant appris que les Dames de la Cour
de Pharaon, la railloient sur la tendresse
qu'elle sentoit pour Joseph, les invita à
un dîner ou Joseph aussi se trouva, & que
là, elles furent si éprises de sa beauté,
qu'elles ne pouvoient détacher leurs yeux de
sa personne ; de sorte qu'au lieu de couper
leur viande, elles se couperent les doits :
Ce que voyant la femme de Potiphar, elle

leur

le leur dit : *He bien Mes Dames, me blâme-*
rez vous encore d'aimer un objet si aimable?

Voilà un des traits hiftoriques de l'Alcoran le plus rifible. Mais cela & quelques
autres femblables qui peuvent s'y rencon-
trer, aproche-t-ils de ces Avantures grotef-
ques que nous avons raportées? la feule avanture du mariage de Dominique avec la Madona, renferme millefois plus de blafphe-
mes, d'impietez, & d'impertinences, que
n'en renferme tout l'Alcoran.

Il s'en faut donc bien que je mette en
Parallele les Legendes & l'Alcoran. Si dans
l'Alcoran il y a des hiftoires fauffes ou gro-
tefques, du moins, il y a cela de bon, que
celui qui les croit de bonne foy, n'eft pas
detourné par fa credulité du culte qu'il doit
au vrai Dieu. Mahomet ne fe propofa autre but dans le recit de fes hiftoires, que
de porter les pêcheurs à craindre, fervir, &
adorer leur Createur, à aimer & fervir leur
prochain, à éviter les fuplices de l'enfer,
& à acquerir les delices du ciel. Son plus
grand crime eft d'avoir employé pour cela
le menfonge & l'impofture ; mais il paroit
fi éloigné de la penfée de vouloir partager
le culte de la Religion entre Dieu & aucune creature, que ce n'eft que dans la crainte de tomber dans l'Idolatrie, qu'il ne veut
pas reconnoître J. C. pour Dieu, s'imaginant
que ce feroit élever la creature fur le thrône
du Createur, & faire deux Dieux ? Faites
com-

comprendre aux Turcs le myſtere de l'Incarnation, les voilà Chrêtiens. C'eſt là le grand abyme qui les ſeparé d'avec nous.

Mais le Papiſme peut-il ſe glorifier qu'il y ait ſeulement une des avantures de ſes Saints, qui ait pour fin la gloire du vrai Dieu? Eſt-ce pour le faire aimer, craindre, ſervir? Point du tout. Il n'y en a aucune qui n'ait été inventée pour acrediter le culte des creatures, & pour les élever ſur le thrône de la Divinité. En cela le Mahometiſme eſt donc preferable au Papiſme. Que deviendra la Madona, ſi on ceſſe d'ajoûter foi aux avantures précedentes? Elle ſe verra ſans temples, ſans autels, ſans ſacrifices, ſans adorateurs, elle deſcendra du thrône de Dieu, & ne partagera plus avec lui l'encens des hommes; que deviendra François d'Aſſiſſe, ſi on mépriſe les Avantnres, que les Moines nous debitent de lui? Il ceſſera d'être le plus grand Saint du Papiſme, Jeſus ne l'aura plus pour compagnon, il ſera mis au rang des pauvres pecheurs qui ont tous eu égallement beſoin de miſericorde.

En un mot que deviendront tous les Saints du Papiſme, ſi on jette au feu leurs Legendes? Ils diſparoitront tous, & Dieu ſeul ſera adoré. Le culte qu'on leur rend n'étant fondé que ſur les faux miracles qu'on leur fait faire, la croyance de ces miracles venant à ceſſer, à Dieu tout leur

culte,

culte, & toute l'estime que l'on avoit pour eux.

Mais comment est il possible, dira-t-on, qu'il se soit trouvé des hommes assez méchans, pour inventer des choses ou si abominables, ou si ridicules ; & comment peut-il s'en trouver d'assez fous pour y ajoûter foy ? Je n'en sçai rien. Je les ay crües comme les autres, je ne sçai comment il est arrivé que j'ay cessé de les croire : Tout ce que je puis dire, c'est que je sçais une chose, *autrefois j'étois aveugle, & maintenant je vois* : Et *par la grace de Dieu, je suis ce que je suis.* Pour ce qui est de ceux qui ont imaginé ces Avantures, c'est l'esprit d'ambition, & d'avarice qui les a animez : Et quand nous pensons à ce que cet esprit opera autrefois dans l'ancienne Rome, nous ne devons pas être surpris de ce qu'il opere dans la nouvelle.

La seconde Réflexion que je faits sur ces avantures, c'est qu'il n'est pas vrai, comme se l'imaginent plusieurs Protestans abusez que les sçavans de l'Eglise Romaine ne donnent pas dans ces bagatelles : Au contraire, les peuples pour là plûpart, les ignorent : Ce sont les sçavans qui les ont inventées, & ce sont les sçavans qui les autorisent. Est-ce le peuple qui a inventé & qui autorise la fable de *l'Assomption* ? n'est ce pas tout le Clergé qui en fait & la fête & l'office ? N'est-ce pas le même Clergé qui
ac-

accorde des Indulgences à la chambre de Lorette, & qui invite les peuples à venir dés extremitez de la terre adorer un bois vermoulu, en lui debitant comme une verité, la fable de la translation de la Chambre par des Anges? N'est-ce pas le même Clergé qui fait faire des miracles à toutes les statues de la Madona qui les prêche, qui le debite, & les autorise? Est-ce le peuple qui à Canonisé François d'Assise, qui l'a egalé à Jesus-Christ qui à fait ce livre des conformitez, & les annales de l'ordre, ou on lit toutes les affreuses avantures que nous avons rapportées? Ce font des Moines, dira-t-on. Il est vrai, mais parmi ces Moines, il y en a eu de Papes, de Cardinaux, d'Evêques, de Docteurs, & ce font justement ceux-là qui ont acredité toutes ces honteuses fables.

Nous avertissons donc les Fidelés Chrêtiens de se donner bien de garde des piéges qu'on leur tend, lorsque pour les seduires on veut, leur persuader, qu'il n'y a que les païsans qui donnent dans ces contes. C'est là mentir avec la derniere impudence. Mr. de Meaux lui même croit tout cela, ou s'il ne le croit pas, c'est un miserable charlatan, qui veut joüer Dieu & les hommes. Je mets en fait qu'il n'oseroit dire qu'il ne croit pas les fables sur lesquelles font fondées les devotions de Lorette

te, de Lieffe, du Montferrat, de Cracovie &c. Je foûtiens qu'il n'oferoit dire
qu'il ne croit pas tout ce que nous avons
dit de François d'Affife. S'il dit qu'il le
croit, il eft donc vrai que les fçavans auffi bien que le peuple donnent dans la ba-
gatelle & dans le ridicule : S'il dit qu'il
ne le croit pas , il aura à faire aux Papes
qui ont autorifé ces avantures , & à tous
les Prêtres & les Moines qui les croyent
comme des articles de foi. Nous prie-
rons les Jacobins de le convertir, & de
lui bién prouver le mariage de la Madona avec Dominique ; & les Francifcains,
de le convaincre, comme il faut , que
leur St. François à couché avec des femmes de Neige : Et nous mêmes lui de-
manderons quel eft le perfonnage qu'il
prétend faire , en difant la Meffe le jour de
l'Affomption : Meffe dont le fujet eft un tiffu
de Fables.

O vous qui étes perfécutez pour la caufe de l'Evangile , prenez garde à ce-ci :
Ou les fçavans Papiftes croyent les hor-
ribles avantures , ou il ne les croyent
pas : S'il les croyent : En faut il davantage pour vous convaincre , qu'ils fon
frappez d'étourdiffement , & que fe *difant être fages, ils font devenus fous* comme les anciens païens ? S'ils ne les croyent pas , delà ne devez vous pas con-
clure , que ce font autant de Comedies
profanes & facrileges qui faifant un Dieu

de leur ventre , lui sacrifie honneur,
religion, pudeur , le ciel , Dieu lui même & toute sa gloire. Pressez vos con-
vertisseurs là-dessus ; quelque réponse
qu'ils vous fassent , vous pouvez les de-
concerter. S'ils croyent , ce sont des
fous ; s'ils ne croient pas , ce sont des
imposteurs qui détienent la verité en in-
justice. J'aurois une grande demangeai-
son de sçavoir la pensée de Monsr. de
Maux sur cet article, mais comme je ne le
connois pas assez sincere pour m'ouvrir
son cœur , je n'ai garde de la lui demander.

Enfin ma troisiéme & derniere Reflexion est , que ceux-là sont bienheureux,
que les liens de la naissance n'attâchent
point aux malheureux partis , dont la religion est toute fondée sur les fables. On
ne sçauroit comprendre avec qu'elle faci-
lité & quel plaisir les enfans les apprennent
& les retiennent, quand on veut les en in-
struire.

Ils y trouvent tant de goust, que quand
ils ont atteint l'âge de discretion , ils
ne sçauroient pourtant cesser d'être enfans
à cet égard. Cela est facile à comprendre : Dittes à un enfant que sa poupée
est un Dieu , placez là dans une niche
bien parée , faittes-là lui adorer tous les
matins , & tous les soirs , remplissez
son esprit de mille histoires des miracles
qu'à faits cette poupée : Quand cet enfant

fant aura atteint l'âge de vint ans , il fera tellement entêté de la Divinité de fa
poupée , qu'il fouffrira la mort , plûtôt
que de la regarder comme une Idole , &
il traitera de prophânes, d'impies , d'heretiques tous ceux qui riront ou pleu-
reront de fa folie. Pourquoi cela? C'eft
que les préjugez de la naiffance font ce
qu'il y a de plus fort en matiere de Religion. Et fi outre les préjugez fi favorables
à cette poupée, il y avoit une fortune attâ-
chée a fon culte, le moïen de détromper fon
adorateur ?

Si vous comprenez bien celà , vous devez donc maintenant comprendre combien
font à plaindre & fçavans & ignorans .
qui ont pris naiffance dans le fein de l'I-
dolatrie, & combien heureux au contraire
font ceux qui n'ont point fuccé avec le
lait de leur nourice les principes de l'er-
reur & du menfonge , mais plûtôt ont
goûté dés leur enfance *la bonne parole de
Dieu , & le don celefte.* Comment vou-
driez vous que ceux-là traitaffent de fables toutes les hiftoires de leur Legendes,
puifqu'on les a gravées dans leur memoi-
re comme autant de verités Evangeliques
qu'il faut croire fous peine de damnation?
Comment voulez vous qu'ils méprifent &
metteut au rang des Idoles , des Images
qu'ils ont dés leur enfance adoré comme
autant de divinités miraculeufes? Joignez
à tout cela les gros revenus qui provien-
nent

nent de cette croyance, & qui en-
graissent ceux qui ont le plus de lumiere. Ah tous les liens sont trop forts pour
être rompus par les simples efforts de la
nature, Il faut des miracles de la grace.
Les préjugez du peuple se fortifient par
l'ignorance, & les préjugez des sçavans se
fortifient par l'interest.

Rendez donc incessamment graces à vôtre Dieu, ó vous qui par le bonheur de
vôtre naissance, n'avez point de sembla-
bles liens à rompre, ni de si funestes
préjugez à détruire. Ne dittes plus, qu'il
est impossible que des hommes qui ont
la raison en partage, puissent ajoûter foi
à des choses si deraisonnables & si pueri-
les. La chose est possible, puisqu'il en
est ainsi; & si elle étoit impossible, pourquoi le St. Esprit l'auroit il predite si clairement dans le nouveau Testament? L'a-
venement de l'homme de pêché **ne** devoit il pas être fecons en *miracles de men-
songes, & en seductions d'iniquité?* Dans
les derniers tems les hommes ne devoient ils pas se détourner de la verité, pour
faire triompher le mensonge? Le nouveau Testament ne predit autre chose.
Vous voyez à l'œil dans le Papisme l'accomplissement de toutes ces Propheties:
Benissez Dieu de ce qu'elles ne sont point
accomplies parmi vous; conservez cherement le precieux depost de la verité, puisque le ciel vous l'a confié. Si vous aviez

pris

pris naiſſance parmi ſes ennemis, vous
lui feriez comme eux, la guerre, & ſouf-
fririez peut-être pour la deffence des fables, ce que vous ſouffrez aujourd'hui
pour la deffence de la verité. Au Dieu
donc qui vous a preſervez d'un tel malheur
ſoit à jamais honneur, & gloire force,
empire, magnificence, & action de graces, *Amen*.

TABLE

des

CHAPITRES

Contenus en cet Ouvrage.

plus

plus recommandable que le Dieu de la
Messe.

Chap. VIII.

Les avantures de François d'Assise, son dateur de l'ordre des Cordeliers, Capucins, Recolets, & Penitens.

Chap. IX.

Suites des avantures de François d'Assise ses stygmates, sa vision dans l'Eglise de la Portioncule, ses grands miracles. &c.

Chap. X.

Refléxions de l'Auteur sur les Avantures précedentes.

F I N.

AVERTISSEMENT.

LIvre que j'ay imprimé ou ceux donc j'ay nombre *Almanach Royal*, contenant les actions les plus memorables de S. M. B. dressé par le P. Vincent Coronelly.

Atelas portatiuë & particulierément pour connoîtres dans la derniers perfection toutes les frontiers des XVII. Provinces des Paï-bas. 1701.

Bouquet dedin ou recuille de prier.

Chifre contenant toutes sortes de nom & sur nom 100. planches in 4.

Chai

Chaine d'or pour enlever les ame de la terre au
  Ciel.
Dernier revolution de l'Europe depuis le par-
  tage de l'Espagne 1701. fig. 4.
Divise & emblemes d'amour de Politique &
  Militaire en 7. langue 4 avec fig.
Devise & emblemes d'amour en 7. langue mora-
  lifé en vers François avec fig. 4.
Dictionnaire des paffion avec fig. 4.
Exercice de l'épée feul dans fa perfection.
Fable de la fontaine avec fig. 8.
Guide d'Amsterdam contenant la connoiffance
  de tout ce qui eft neceffaire a un Voyageur &
  un Negotian avec fig. 8. 1701.
Histoire de la Bible du Vieux & Nouveaux Te-
  ftament par Royaumon avec fig.
L'Art du Blafon ou la fcience des Nobles avec
  un traité des Pavillons que chaque Nation
  porte en Mer avec fig.
Les éffemerides de 1710. de l'Academie Royale
  de Paris.
Les éffemerides des longitudes ou du premier fa-
  tellite de Jupiter felon les tables de M. Caffini
  auffi de l'Academie de Paris.
L'Etats prefent de l'Europe divifé par lettre
  ou l'on voit fe qui s'eft paffé de plus confide-
  rable depuis 72. jufque à prefent avec fig. 4.
Nouvelle pratique d'Arithmatique.
Oeuvres pofthume de Puffendorf.
Priere fur toutes fortes de fujet
Ruffe Innocente de la chaffe & de la pêche.
Traité de la Raifon humaine
  On trouve dans la même Boutique toutes les
Semaines quelque Nouveauté foit imprimé ou en
taille douce.

9 782329 611754